Heike Schmoll

Kirche ohne Zukunft?

Über das Buch:

»Hat die evangelische Kirche überhaupt noch eine Zukunft? Während die Selbstzerfleischung in manchen kirchlichen Kreisen zur Lieblingsbeschäftigung geworden zu sein scheint, sind die Erwartungen an die seelsorgerliche Kompetenz ungebrochen. Vielleicht wird sie nicht in den bisherigen volkskirchlichen Strukturen weiterexistieren können. Doch ist dafür allein die durch Steuerausfälle ausgelöste Finanzkrise verantwortlich zu machen? Ist es nicht vielmehr der gewaltige Bildungsabbruch in der protestantischen Tradition?«
Die evangelische Kirche in Deutschland steckt in einer Strukturkrise. Namhafte Kirchenvertreter diskutieren in diesem Band die Ursachen aus unterschiedlichen Blickwinkeln und zeigen Wege aus der Krise: Bischof Ulrich Fischer, der Präsident des Hannoverschen Kirchenamtes Dr. von Vietinghoff, der Münchner Oberkirchenrat Dr. Martin Bogdahn, Prof. Dr. Friedrich Wilhelm Graf, Prof. Dr. Nipkow, Dr. Beatus Fischer und Bernd Dietrich Krummacher. Auch dem bekannten Psychologen und Kirchenkritiker Tilmann Moser wird in diesem Buch Platz für kritische Worte eingeräumt.

Die Herausgeberin:

Heike Schmoll, Jahrgang 1962, trat nach ihrem Studium der evangelischen Theologie und Germanistik in die politische Redaktion der F.A.Z ein. Sie ist seit vielen Jahren zuständig für die Berichterstattung über die evangelische Kirche, Ökumene, Orthodoxie sowie über Schulpolitik.

Heike Schmoll (Hrsg.)

Kirche ohne Zukunft?

Evangelische Kirche – Wege aus der Krise

Propyläen Forum

Ullstein Buchverlage GmbH & Co. KG,
Berlin
Taschenbuchnummer: 26702

Originalausgabe
September 1999

Umschlaggestaltung:
Theodor Bayer-Eynck
Abbildung: Archiv für Kunst und Geschichte Berlin

Lektorat: Beate Schnorfeil
Printed in Germany 1999

Satz: hanseatenSatz-bremen, Bremen
Druck und Bindung: Ebner Ulm

ISBN 3 548 26702 5

Gedruckt auf alterungsbeständigem
Papier mit chlorfrei gebleichtem Zellstoff

Die Deutsche Bibliothek –
CIP-Einheitsaufnahme

Kirche ohne Zukunft?: Evangelische Kirche –
Wege aus der Krise/Heike Schmoll (Hrsg.). –
Orig.-Ausg. – Berlin: Ullstein, 1999
(Ullstein-Buch; Nr. 26702: Propyläen-Forum)
ISBN 3-548-26702-5

INHALT

DIE AUTOREN

Dr. Tilmann Moser	Psychotherapeut und -analytiker, seit 1978 private Praxis	in Freiburg i. Br.
Friedrich Wilhelm Graf	Ordinarius für ev. Theologie	an der Universität Augsburg
Dr. Beatus Fischer	geschäftsleitender Oberkirchenrat, Schwerpunkt Finanzen, Organisation, Personalführung	in Karlsruhe
Prof. Dr. Dr. hc. Karl Ernst Nipkow	Vorsitzender der Bildungskammer der EKD (seit 1991)	
Bernd Dietrich Krummacher	Pastor (seit 1991 Gemeinde)	in Groß Bisdorf. Er ist ständiger Vertreter des Landesbischofs sowie Beauftragter für Fernsehen und Hörfunk.
Dr. Ulrich Fischer	Landesbischof der Evangelischen Landeskirche	in Baden
Dr. Martin Bogdahn	Oberkirchenrat und Kreisdekan des Kirchenkreises München und Oberbayern (seit 1990)	
Dr. jur. Eckhart von Vietinghoff	Präsident des Landeskirchenamtes der Ev.-luth. Landeskirche	in Hannover

VORWORT DER HERAUSGEBERIN

Hat die evangelische Kirche überhaupt noch eine Zukunft? Während die Selbstzerfleischung in manchen kirchlichen Kreisen zur Lieblingsbeschäftigung geworden zu sein scheint, sind die Erwartungen an die seelsorgerliche Kompetenz der Kirche ungebrochen. Vielleicht wird sie nicht in den bisherigen volkskirchlichen Strukturen weiterexistieren können. Doch ist dafür allein die durch Steuerausfälle ausgelöste Finanzkrise verantwortlich zu machen? Ist es nicht vielmehr der gewaltige Bildungsabbruch in der protestantischen Tradition?

Der vorliegende Sammelband will bewußt nicht in den cantus firmus der Hoffnungslosigkeit einstimmen, sondern nach den Ursachen fragen und Ansätze für Auswege aus der schwierigen Lage aufzeigen. Daher vereint er Beiträge unterschiedlicher Herkunft. Aus psychoanalytischer, theologiegeschichtlicher, religionspädagogischer, gemeindetheologischer, kirchenleitender und praktischer Perspektive werden die Schwachstellen gegenwärtiger Frömmigkeit und Theologie aufgewiesen, zugleich aber Vorschläge für ein Umdenken und eine zeitgemäße Praxis gemacht.

Tilmann Mosers Prägung von der Gottesvergiftung, die ihren Grund in einem lebensfeindlichen und angstmachenden Gottesbild hat, aber auch Andacht und Glauben instrumentalisieren und mißbrauchen kann, zeigt, wie ruinös eine mißlungene religiöse Sozialisation sich auf das gesamte Leben und Denken auswirkt, weil sie den Kern der Person trifft. Die Reduktion der Religion auf Moral oder Metaphysik ist nicht nur unzulässig, sondern verletzt auch die Verantwortung, die bis heute vor allem Pfarrer und Religionslehrer für die Vermittlung eines elementaren christlichen Traditionsbestandes übernehmen.

Warum das christliche Grundwissen allmählich schwindet und inwiefern die Verweigerung kirchlicher Funktionseliten und ihr schizoides Rollenverständnis sowie die Infantilisierung der Religion dazu beigetragen haben, erläutert in einem theologiegeschichtlichen Beitrag Friedrich Wilhelm Graf. Aus unternehmensorganisatorischer Perspektive beleuchtet Beatus Fischer die Effizienz kirchlicher Arbeit und mahnt die Zielorientierung des institutionellen Redens und Handelns sowie eine klar durchschaubare Leistungsbestimmung an.

Neben Umstrukturierungen wird sich die Kirche der Zukunft wieder stärker auf bestimmte Inhalte konzentrieren müssen. Auch wenn es manchen Zeitgenossen immer weniger plausibel zu machen ist, daß die Kirche ihre Bildungsverantwortung durch den Religionsunterricht an der öffentlichen Schule wahrnehmen muß, wäre eine kirchliche Verweigerungshaltung nichts anderes als ein Bruch mit reformatorischen Grundeinsichten. Auf dem Hintergrund der brandenburgischen Diskussion um LER begründet Karl Ernst Nipkow diese Kernaufgabe der Kirchen.

Die östliche Perspektive einer von der Religionspolitik der SED empfindlich getroffenen Kirche mit ihrer typischen Nischenkultur beschreibt der Pommersche Pfarrer Bernd Dietrich Krummacher. Praktische Vorschläge für einen Gottesdienst, der auch Kirchenferne erreichen kann, unterbreitet nach langjährigen Erfahrungen mit der Mannheimer Thomasmesse Ulrich Fischer.

Die Konsequenzen aus einer unternehmungsberatenden Untersuchung des Münchner Dekanats finden sich bei Martin Bogdahn. Die Zukunftslosigkeit einer Kirche, die sich nur noch an Kirchenleute wendet, erläutert Eckhart von Vietinghoff. Er kann der verbreiteten Umstrukturierungseuphorie nichts abgewinnen, zumal sie vor allem kirchlicher Nabelschau dient. Die Kirche der Zukunft, meint er in seinem abschließenden Beitrag, muß wieder Zeit und Lebensraum für die Frage nach Gott, für das existentiell Religiöse öffnen.

Heike Schmoll

VON DER GOTTESVERGIFTUNG ZUM ERTRÄGLICHEN GOTT

Tilmann Moser

Was bedeutet es, wenn ich als Psychoanalytiker und Autor der 1976 erschienenen »Gottesvergiftung«, inzwischen gut zwanzig Jahre älter, vom Übergang von der Vergiftung zu einem erträglichen Gott spreche? Steckt eine eigene Bekehrung dahinter? Eine neue Erfahrung von Spiritualität? Ein Abschied vom nur kirchlich vermittelten und einseitigen Gottesbild? Oder zwei Jahrzehnte Umgang mit religiös getönten, sogenannten ekklesiogenen, also auch von der Kirche mitverursachten Neurosen?

Deshalb ein paar persönliche Vorbemerkungen, in denen ich mir selbst klarzumachen versuche, wo ich stehe in Sachen Religion. Zum Ausgangspunkt nehme ich eine Frage des Psychoanalytikers und Astrologen Fritz Riemann an mich, den ich in einer Krise vor knapp zwanzig Jahren einmal konsultierte. Er ist bekannt geworden durch seine auch heute noch lesenswerten Bücher »Grundformen der Angst« und »Astrologie als Lebenshilfe«. Nicht daß ich ein gläubiger Anhänger der Astrologie wäre, aber einige ihrer Aussagen haben mich fasziniert, sozusagen meine linke Gehirnhälfte, während die rechte der prüfenden Vernunft zugewandt ist. Er, der die »Gottesvergiftung« kannte, fragte mich, was ich mit meinem Potential an Offenheit für das »Transzendente« mache. Ich konnte ihm damals keine Antwort geben und kann es im Grunde bis heute nicht.

Ich kann nur sagen, daß ich offen bin für das Transzendente, für Gotteserfahrungen meiner Patienten, seien sie nun destruktiver oder heilsamer Natur.

In vielen Zuschriften fragen Leser meiner »Gottesvergiftung« bis heute, wie man ohne Gott leben könne, und sie schlössen mich seit langem in ihre Fürbitte ein. Manchmal gerate ich auch mit einzelnen Patienten in Streit, die sich ihres Glaubens so sicher sind, daß sie mir mitteilen: sie beten für mich, daß ich den Weg zurück zu Gott finden möge.

Obwohl ich inzwischen gelernt zu haben glaube, mit religiös geprägten Neurosen freundlich umzugehen, ohne Einfluß nehmen zu wollen, entsteht in solchen Fällen vorübergehend eine therapeutisch undurchsichtige Situation: Einerseits spüre ich beim Patienten eine sorgende Zuneigung, die unsere an sich klar definierte Beziehung in ein anderes Koordinatensystem verpflanzt: der Patient scheint einen privilegierten Zugang zu einer höheren Macht zu haben, an dem er mich teilhaben lassen will und wo ich dann quasi *sein* religiöser Klient bin; andererseits klingeln alle therapeutischen Warnsysteme, weil sich eine unerbetene Fürsorglichkeit zu melden scheint, vielleicht ein Widerstand, vielleicht ein verschleierter Machtkampf. Es ist dann immer noch eine lohnende, ja andächtig machende Aufgabe, ein neurotisches Gottesbild zu trennen von einer Gewißheit im Patienten, daß eine höhere Macht ihn als Subjekt oder Individuum oder Seele in der Welt für wertvoll, willkommen und lebensfähig hält. Sehr oft geht es dabei auch um den Gegensatz zwischen einem persönlich erarbeiteten, ja auch erlittenen Gottesbild und einem strengen Richter und Verurteiler, wie ihn viele Menschen, vor allem etwas ältere, noch bei der Kirche gefunden haben.

Intellektuelle Menschen, vor allem im frühen und mittleren Erwachsenenalter, neigen dazu, Gott einfach zu vergessen, und mit ihm ihre sogenannte religiöse Sozialisation, also die Summe der Erfahrungen in Elternhaus, Schule, Religions-, Kommunions- oder Konfirmationsunterricht. Sie wollen es – in einer aufgeklärten und oft areligiösen Zeit – gar nicht mehr wahrhaben, daß sie einmal gläubig, hoffnungsvoll, furchtsam waren im Gebet, sei es im rituell vorgegebenen, sei es im privaten, heimlichen Gebet vor dem Einschlafen oder in Zuständen der unruhigen Schlaflosigkeit. Es gilt heute fast als beschämend, sich einmal tief und unsicher oder auch geborgen von Gott abhängig gefühlt zu haben. Andererseits ist die ekklesiogene Neurose ein seit Jahrzehnten bestehender Begriff, und sogar die Kirchen selbst stellen heute Psychotherapeuten für ihren Priesternachwuchs wie für amtierende Priester und Pfarrer an. Sie wollen nicht, daß Neurose, Glauben und Verkündigung oder Seelsorge einander negativ beeinflussen.

Manche Patienten schütteln fast mitleidig den Kopf, wenn ich nach einer religiösen Vorgeschichte frage; sie verdächtigen mich, ich hätte wieder einmal ein neues Forschungsthema oder sei noch immer mit meiner unglücklichen Gottesgeschichte beschäftigt. Und nach ein paar Wochen oder Monaten stellt sich dann heraus, daß sie ein paar Jahre lang Ministrant waren, daß ein Onkel Priester oder Pfarrer und eine Tante Nonne oder Diakonisse ist oder daß die eigene Mutter von einer Laufbahn in der Mission geträumt oder der Vater vor dem Chemiestudium drei Semester an einer theologischen Fakultät studiert hat.

Oder es stellt sich heraus, daß in der Pubertät intensive Verhandlungen mit Gott stattfanden über eine Berufung zur Heiligkeit oder daß es kindliche Gelübde gab, wenn Gott von einem drohenden Übel befreite, oder daß der frühe Tod eines Freundes plötzlich eine längst vergessene Höllenangst zum Vorschein brachte, und selbst der Erwachsene unsicher wird, ob es das Verworfensein von und vor Gott nicht doch geben könnte. Schließlich hat der amtierende Papst vor nicht allzu langer Zeit die reale Existenz des Teufels bestätigt, und irgendwo muß der ja hausen und seine Beute deponieren.

Auf der anderen Seite wissen wir seit sehr langer Zeit, von Dichtern, Philosophen, Theologen, Therapeuten, daß die Hölle innen sein kann, in einem unerträglichen Zustand von Verzweiflung, Einsamkeit, Grauen und Depression.

Selbst die klassischen Freudianer halten heute nicht mehr für der Weisheit letzten Schluß, was Sigmund Freud über die Religion als eine Zwangsneurose und eine reine Vaterprojektion aus Angst und Wunsch darstellt. Der Tübinger Psychoanalytiker Heinz Henseler hat darüber in einem Buch »Religion – Illusion? Eine psychoanalytische Deutung« (Göttingen 1995) unlängst sachkundig Bilanz gezogen. Er schreibt: »Sichtet man Freuds Thesen über die psychische Genese von Religion beziehungsweise Religiosität und streicht man davon alles, was sich über die Jahrzehnte nicht halten ließ, bleiben doch einige gewichtige Beobachtungen und Überlegungen, die mehr oder weniger für alle Religionen gelten und zu Deutungen herausfordern ... Da sind die elementaren Wünsche nach Belehrung, Trost und ethischer Anleitung angesichts der Bedrohtheit und Hilflosigkeit des Menschen; da sind die nur scheinbar vorreligiösen Phänomene der Magie, von Tabu und Mana ... da sind die Vaterreligionen mit ihrem Schwanken zwischen Vatersehnsucht und Sohnestrotz.«

Allen diesen Phänomenen zugrunde liegt das elementare Bedürfnis nach Rettung aus Ohnmacht, Kleinheit, Unvollkommenheit, Abhängigkeit, Unsicherheit und der dringende Wunsch nach eigener Macht, Größe, Vollkommenheit, Sicherheit durch Teilhabe an solchen Eigenschaften eines über alle Nöte erhabenen Wesens ...

Richtergott und frühe Andacht

All diese Motive kann ich nur bestätigen, aber sie scheinen mir doch auch einige Grundgefühle auszulassen, von denen C. G. Jung vielleicht mehr geahnt hat als Freud und all die psychologischen Forscher, für die das Thema Macht und Ohnmacht mit all ihren Nebenthemen im Vordergrund standen. Jung spricht vom Numinosum also dem rätselhaft Unerforschlichen, und wohl auch vom Ergriffensein, vom Staunen, von der Andacht, also nicht nur von Angst und Hilflosigkeit und Sehnsucht nach eigener Macht. Also auch von Gefühlen, die nicht unmittelbar durchdrungen sind von Sünde, Verdammnis, Moral und Richtergott.

Von diesem entsetzlichen Richtergott, der so viele kindliche und erwachsene Gemüter in Angst und Schrecken versetzt hat, soll hier nicht die Rede sein. Er ist sozusagen der am besten erforschte Gott, zugleich derjenige, der uns in Psychotherapien die meiste Mühe macht, weil seine Gebote Teil des überstrengen Gewissens, ja der angstgetriebenen Persönlichkeit geworden sind. Solche Patienten dürfen oft keine Freude am Leben haben und müssen sich wirklich alle paar Minuten oder Stunden fragen: Was habe ich wieder falsch gemacht, was mich, um im kindlichen Vokabular zu bleiben, der Hölle wieder näherbringt, wenn ich nicht richtig beichte und bereue, um Gnade flehe oder gute Werke zu meiner Schicksalswende vollbringe.

Drei Bücher seien genannt, in denen sich ursprünglich kirchliche Seelsorger und Therapeuten mit den Verstörungen auseinandergesetzt haben, die der allwissende und allstrafende Richtergott in den Seelen anrichtet. Es sind der katholische Religionspädagoge Helmut Jaschke mit seinem Buch über »Dunkle Gottesbilder« (Freiburg 1992) und der katholische Seelsorger Lorenz Zellner mit seinem Buch »Gottestherapie. Befreiung von dunklen Gottesbildern« (München 1995). Zellner meint sogar, es müsse im leider häufigen Katastrophenfall eben Gott therapiert werden, so wie er sich, giftig und vergiftend, in den Herzen der Menschen eingelagert hat und sie von dort aus ängstigt oder gar terrorisiert. Und schließlich das Buch des evangelischen Pfarrers Heiko Rohrbach, den sicher viele von seinen Kurzpredigten im »Wort zum Sonntag« im Fernsehen kennen. Sein Buch heißt: »Befreiung von biblischen Alpträumen. Wider Sintflut und Höllenangst« (Stuttgart 1994).

Wohlgemerkt: der in verängstigten Menschen eingelagerte Gott schert sich nicht um die neuesten Auslegungen der Theologen. Das schlimme ist, daß in den Gottesvergiftungen der Menschen, die Not leiden oder Therapie suchen, eine sehr primitive

Theologie am Werk ist, die Gott benutzt hat als Instrument der Erziehung und der Einschüchterung. Es ist die Rede von Menschen, die mit Gott schlechte Erfahrungen gemacht haben und darum Hilfe suchen. Und doch kann man sagen, daß der Gott der Einschüchterung zwar noch in vielen Menschen wohnt, aber daß er in der heutigen Gesellschaft längst nicht mehr die Hauptquelle von Angst und Anpassung ist. Immer mehr ist von einem wachsenden Bedürfnis nach Spiritualität die Rede, weitab von der Sünden-, Verdammnis- und Erlösungstheologie des rechtgläubigen Christentums.

Ausgehend von Erlebnissen mit Patienten, auch von eigenen Kindheitserinnerungen, habe ich versucht, einen Zugang zu finden zu einem menschlichen Grundgefühl, das ein wichtiges, vielleicht das wichtigste Fundament von Religion bildet. Ich nenne es die Fähigkeit zur Andacht. Merkwürdigerweise habe ich es zuerst erlebt als eine Stimmung, die zwischen mir und einem Patienten entstanden ist. Zuerst war ich überzeugt, daß es sich um eine sogenannte Gottesübertragung handelt. Damit ist folgendes gemeint: da Gott für viele ältere Menschen in ihrer Kindheit eine wichtige Figur war, kommt diese im Laufe einer psychotherapeutischen Behandlung auch wieder zum Vorschein, und sie wird, bei einem entsprechenden Arrangement, auch auf den Therapeuten übertragen. Dies wurde über lange Jahrzehnte in der klassischen Psychoanalyse übersehen, weil der Therapeut nicht in die Rolle Gottes kommen wollte.

Aber was bedeutete es dann, daß ich selbst von dieser Andacht ergriffen wurde, also eine Stimmung entstand, die uns beide einhüllte? Erst allmählich wurde deutlich, daß Kinder in einem bestimmten Alter, vielleicht auch mehrmals, neben vielen anderen Fähigkeiten die Fähigkeit zur Andacht entwickeln, der eine wichtige Bedeutung für den Aufbau ihrer seelischen Welt zukommt. Es ist dann entscheidend, wie diese Fähigkeit zur Andacht aufgenommen wird und welche Inhalte die Erwachsenen in dieses kostbare Gefäß hineingießen. Wird der strenge Richtergott hineingegeben, dann kann das Gift der Lebensverneinung tief im Zentrum der Persönlichkeit sitzen.

Wann aber bildet sich die Fähigkeit zur Andacht, und warum ist mißbrauchte Andacht eines der größten Seelenverbrechen, das sowohl Kirchen wie politische Systeme immer von neuem wieder begehen?

Kriegs- und Verfolgungstrauma und negative Andacht

In den letzten Jahren stellt in der Psychotherapie das Übergreifende, das die therapeutische Beziehung umschließt, mit vielen Patienten etwas sehr profan Geschichtliches dar, ist also zunächst nicht transzendent oder spirituell, sondern politisch und psychologisch:

Es ist das Auftauchen und der Umgang mit den seelischen Nachwirkungen von NS-Zeit und Krieg. Denn in einem für uns heute schwer vorstellbaren Ausmaß waren religiöse, gläubige, andächtige Gefühle an einen Menschen, den Führer, und ein politisches System gebunden. Führer und Heiland gingen ineinander über. Um es überspitzt zu sagen: die Andacht eines ganzen Volkes war auf einen Menschen als angeblichen Heilsbringer übergegangen, der in seinem Herzen doch schon zu Beginn die größten Verbrechen trug. Wenn wir heute von einer Krise der Religion sprechen, dann kann man im Untergrund der NS-Generationen den Zerfall von mißbrauchter Andacht nicht außer Betracht lassen. Wem von den Jüngeren dies heute schon als befremdlich erscheint, mag sich an die kürzer zurückliegenden Bilder fanatischer Gläubigkeit in kommunistischen Staaten erinnern, an die Auswüchse des Personenkults, an die Inbrunst, mit der politische Inhalte heruntergebetet wurden.

In den therapeutischen Behandlungen entsteht dann eine der Andacht scheinbar entgegengesetzte Stimmung, nämlich Grauen und Terror. Dabei handelt es sich, wenn die Patienten oder ihre Eltern und Großeltern destruktiven Gewalten ausgesetzt oder an ihnen aktiv beteiligt waren, um eine Art *negativer Transzendenz* ihres Lebens, die die Form eines Fluches annehmen kann. Wir befinden uns dann in einem Raum *schrecklicher Andacht*, ein paradoxer Begriff. Er wäre genausogut zu definieren als Grauen, als das Unheimliche, eine dämonische Verstrikkung, die Kehrseite von alldem, was wir als Geborgenheit ansprechen könnten, die wir manchmal mit Andacht verbinden. Auch diese Fähigkeit, Grauen und Unheimlichkeit zu erleben, verweist auf Vorgänge in der frühen Kindheit, ja vielleicht sogar auf Gefühle, wie sie während der Geburt erlebt werden und wie sie ein Grundmuster des Erlebens bleiben können, wenn keine heilsamen Faktoren sie mildern.

Alle Religionen und alle Ideologien, vor allem, wenn sie sich mit Machtsystemen verbinden, scheinen zu wissen oder zu ahnen, daß es für ihre Zwecke darauf ankommt, das Andachtspotential des Kindes früh mit den dogmatisierten oder erwünschten Inhalten zu verknüpfen, und zwar so, daß es quasi vorsprachlich und vorargumentativ in der Seele verankert wird. Ist die Verknüpfung von Andacht und religiösem oder politischem System einmal geleistet, dann hat die sinnstiftende und sinnausschlachtende Zentralverwaltung von Partei- oder Personenkult mit religiöser Aura leichtes Spiel. Erst recht dann, wenn die Eltern, in bestem Glauben und auch relativ unneurotischen Wesens, durch Rituale und vorgelebte Frömmigkeit den Automatismus der Verweise aller religiösen Gefühle an Gott, Kirche oder politische Idole vorleben und selbstverständlich machen.

Denn sowohl dort, wo die katholische Kirche Staatsreligion war, wie im Protestantismus, wo die staatliche Autorität über Jahrhunderte religiöse Legitimierung erhielt, läßt sich unsere heutige weitgehende Trennung von Frömmigkeit, Religiosität und Politik noch nicht erkennen. Diese Trennung scheint immer gewaltige politische Katastrophen und den Einblick in den

Mißbrauch von Religion zu benötigen, um den Glauben wieder mit der Innerlichkeit zu verbinden.

Und umgekehrt erhellt die Rückbesinnung auf die Verknüpfungen von Religiosität und politischer Legitimierung die historischen Katastrophen unseres Jahrhunderts. Dies meine ich, wenn ich von negativer Transzendenz in den Seelen der Überlebenden spreche: dem Nachhall von Verbrechen, die ohne die Zerfallsprodukte von staatslegitimierender mißbrauchter Frömmigkeit nicht zu denken sind.

Die frühkindlichen Quellen von Religiosität

Aber wo liegt das Einfallstor für so unterschiedliche Dinge wie Andacht, Frömmigkeit, Fanatismus, Gottvertrauen, Mystik und Naturverbundenheit, Unsterblichkeitsglauben und kosmischer Verbundenheit?

Aus eigenen Kindheitserinnerungen, aus Lektüre, aus Gesprächen mit Patienten, aus der Säuglingsforschung und aus der Beobachtung von Kindern weiß ich, daß die Fähigkeit zur Andacht eine gewaltige Quelle von Kraft und seelischem Reichtum ist. Manchmal werde ich andächtig, weil ich *teilhabe* an der Kraft der Andacht, die ein Kind oder einen regredierten Patienten ergreifen kann. Dann ist das Geschenk die Teilhabe.

Wir wissen noch wenig über die entwicklungsgeschichtliche Entstehung und Bedeutung von Andacht, aber soviel scheint klar, daß bereits das zweite Lebensjahr einen *Höhepunkt* der sichtbaren und spürbaren Ausformung bedeutet. Mütter, die stillen, sprechen ohne jeden Zweifel von ihrer Andacht bei diesem Vorgang, und sie wissen ebenso, daß der Säugling, wenn Gier und Hunger beseitigt sind, in diese Andacht einbezogen ist. Mit dieser Formulierung vom frühen *Höhepunkt* verweise ich zugleich darauf, daß leib-seelische Vorformen von Andacht wahrscheinlich bereits intrauterin, also im Mutterleib angelegt sind; daß die Geburt im Falle katastrophaler Zuspitzungen ihres Verlaufs möglicherweise die Bahnung von »negativer Andacht« einleitet. Gemeint ist damit alles, was mit der Herrschaft von Angst, Schrecken, Panik und Terror zusammenhängt, hinter denen dämonische Gewalten vermutet oder phantasiert werden. Die geschichtliche Realität wird dann auf der Ebene des frühen Schreckens gedeutet, der aber ebenso illusionäre Erlösungshoffnungen zuläßt. Alle diktatorischen Regime tragen beständig das verräterische Wort von der politischen Neugeburt im Munde, die als Erlösung von Unordnung und Chaos angepriesen wird.

Es gibt einen Zusammenhang zwischen dem Gefühl der Andacht, dem Erleben eines eigenen Selbst oder dem, was die Säuglingsforscher das frühe Kern-Selbst nennen, und der Wahrnehmung einer nicht zum Selbst gehörigen Außenwelt, sei es die Mütter oder die Natur. Der Säuglingsforscher Daniel Stern hat eine solche Andachtssituation des Kleinkindes unnachahmlich in Worte gefaßt, als er in dem Band »Tagebuch eines Babys. Was ein Kind sieht, spürt, fühlt und denkt« (München 1990) dessen Faszination angesichts eines Sonnenkringels an der Wand poetisch nachzeichnet.

Hier ein kleiner Ausschnitt aus dieser feierlichen Morgenandacht unter der Überschrift »Sonnenstrahl – 7.05 Uhr morgens«, die Stern tief in die ersten Lebensmonate legt:

»Joey ist gerade aufgewacht. Er blickt unverwandt auf den Reflex des Sonnenstrahls an der Wand neben seinem Kinderbett.
Ein Stück Raum leuchtet dort drüben.
Ein sanfter Magnet zieht an und hält fest.
Der Raum erwärmt sich und wird lebendig.
In seinem Innern beginnen Kräfte sich langsam tanzend umeinander zu drehen.
Der Tanz kommt näher und näher.
Alles steigt auf, ihm zu begegnen.
Er kommt immer näher. Aber er kommt nie an.
Die Spannung verebbt.«

Ohne Zweifel handelt es sich hier um ein Erlebnis, das wir als religiös bezeichnen dürfen. Natürlich ist es wichtig, daß ein solcher langer Augenblick in relativer Geborgenheit stattfindet. Dann kann er verknüpft werden mit der Macht der Mutter und ihrer Fähigkeit, später auf Transzendenz zu verweisen. Wird ein solcher Augenblick in seelischem Schmerz oder in Spannung zur Mutter erlebt, so bahnt er den Weg zu kompensatorischer, neurotischer Frömmigkeit, zu einer Erlösungshoffnung außerhalb der menschlichen Solidarität.

Wie bei allen frühen Affekten handelt es sich bei der Andacht um Zustände, bei denen seelisches und leibliches Erleben eng verschlungen sind. Eine entfaltete Andacht ohne körperliche Signale scheint mir undenkbar: man spricht vom Schauer, vom Überrieseltwerden, von einem herausgehobenen Gefühl, das Ganzheit erzeugt. Es scheint mir sogar wahrscheinlich, daß Beimengungen von Andacht in jedem starken Gefühl mit enthalten sind, weil Andacht und Selbsterleben in Verbindung mit etwas Drittem eng verknüpft sind. Das würde bedeuten, daß sowohl im Schrecken wie in der Lust Momente von Andacht hineingewoben sind, allein durch die Stärke des Gefühls. Anders wäre auch nicht zu erklären, daß sowohl Schrecken wie Geborgenheit, Panik und Freude, Schmerz wie Lust zum Zentrum von Religionen oder extremen politischen Systemen werden können.

Andacht muß entstehen *vor* einer allzu großen Herrschaft des Realitätsprinzips, ja auch vor der Herrschaft der Sprache. Denn obwohl Andacht sprachlich faßbar sein kann und für viele Schriftsteller eine große Herausforderung darstellt, scheint sie doch im wesentlichen verknüpft mit Erlebnissen, die sich später eher in Symbolen und Ritualen konkretisieren oder von ihnen getragen oder durch sie wieder abgerufen werden.

Deshalb spreche ich von dem Gefühl eines »feierlichen Zusammenhangs«, der das Wesen der Andacht ausmacht und der am leichtesten durch starke Bilder, Musik oder andere sinnliche Wahrnehmungen ausgedrückt wird, es sei denn bei einer hohen Spezialbegabung im Verknüpfen von Sprache und dem Zustand von Erhabenheit. Es gehört wohl unabdingbar das Moment ebenjener rätselhaften *Verknüpfung von Selbst und Kosmos* oder höherer Macht hinzu, das in gesteigerten Momenten in mystische Erfahrung übergehen kann.

Erst später wird eine Summe erhebender Erlebnisse unter dem Ausdruck Gott zusammengefaßt. An diesem Punkt wird aber auch verständlich, daß ein Gott der Sünde oder der Schuld geradezu zum Zerstörer von Andacht und Spiritualität werden muß, sofern er nicht in einer masochistischen Mystik des Leidens zusammenschrumpft. Aber natürlich läßt sich Andacht und Religiosität sogar im Zusammenhang mit Schuld und Erbsünde erleben. Mit religiösem Masochismus ist dann gemeint, daß der Gläubige ergriffen ist; oder ihn schaudert vor seiner Schlechtigkeit und dem Ausmaß von Gnade, das er braucht, um angenommen werden zu können, oder von Strafe, um entsühnt zu werden. Die Andacht wird dann gebunden an die Macht dessen, der oder die mich trotz meiner Verworfenheit erlösen kann. Im katholischen Glauben taucht die Mutter Gottes, die besonders stark im Zentrum von Andacht stehen kann, auf als Fürbitterin beim Thron einer gefährlichen oder richterlichen männlichen göttlichen Macht. Maria mit dem Kind und Maria mit dem toten Christus im Schoß sind die beiden häufigsten Andachtsbilder in der abendländischen Kunstgeschichte, vom gemarterten Christus am Kreuz einmal abgesehen. Es ist zu hoffen, daß dieses Bild der Marter, die ja immer die Sündentheologie und den zornigen Gott voraussetzt, der versöhnt werden muß, psychisch allmählich in den Hintergrund tritt.

Dieser Tatsache der frühen Entstehung von Andacht und Religiosität hat die abendländische Kunst in Bild, Wort und Musik zu ungeheurem Ausdruck verholfen, etwa in den Abertausenden von Variationen des Themas Kind und Mutter, Christkind und Maria. Man könnte von einem Stufenaufbau von Andacht sprechen: Viele Bilder erfassen die Andacht des Kindes angesichts der Mutter; aber auch die Mutter ist andächtig vor der ungeheuren Bedeutung des Kindes; und Maria ist andächtig vor dem Thron Gottes; die umstehenden Heiligen stehen andächtig vor Mutter und Kind; und der Betrachter wird andächtig vor diesem genialen Aufbau von Andacht, der sie sozusagen abholt und instrumentiert am Ort ihrer Entstehung: an dem stillen oder auch lebendigen Hingerissensein des Kindes von der Mutter und ihrer Bedeutung, die sie ihm durch Erzählung und Unterweisung allmählich in Glauben überführt. Die Mutter tränkt das Kind mit früher Gefühlstheologie, sozusagen im Kindergarten. Aber die Priester und Heiligen um sie herum stehen schon bereit, um das Kind in die Theologie der Sünde einzuführen, für die Christus dann sterben muß.

Weil der Erlebnishintergrund der relativen Geborgenheit beim kleinen Kind Voraussetzung zu positiver, nicht kompensatorischer Andacht ist, muß es eine Ur-Person für die Entstehung von Andacht für das Kind geben, nämlich die Mutter. Sie ist für das kleine Kind in ihren Dimensionen so riesig, reich, überraschend und doch vertraut, unheimlich und plötzlich wieder bergend und also auch gegen das Unheimliche im eigenen Innern wie in der Außenwelt einsetzbar. Sie bildet eine Matrix für alle späteren Transzendierungen. Je nachdem, welche Momente von ihr im theologischen System herausgegriffen und symbolisch überformt werden, wird die Andacht durch ganz verschiedene Sinne und symbolische Inhalte geprägt sein. (Ganz ähnliche Gedanken vertritt a. a. O. Henseler.)

Im schlimmen Fall aber muß sich das Kind eine kompensatorische Andachtswelt suchen: dann nämlich, wenn das Erleben mit der Mutter so negativ getönt ist, daß sich zuwenig an ihr dafür eignet, als bergend, heilsam oder heilig symbolisiert und später transzendiert zu werden. Auf jeden Fall bleibt die Mutter Auslöserin und Brücke zur Welt der Andacht, auch wenn die Brücke vom Kind später ausgebaut werden muß zur Flucht vor der Mutter oder zum Trost angesichts einer unerträglichen Wirklichkeit. Mutter und frühe Bezugspersonen bleiben zunächst auch bestimmend dafür, was in die Gefäße der Andacht als kulturell oder religiös vermittelter Inhalt gegossen wird, bevor Unterweisung oder auch Indoktrination von geweihten Männern übernommen wird. Pflege, Unterweisung, Erbauung und Mißbrauch stehen hier durch die extreme Abhängigkeit des Kindes eng nebeneinander. Sowohl die Kirchen wie die totalitären Regime wollen deshalb das Kind sehr früh erreichen, um seine Fähigkeit zur Andacht und nicht nur seine wortorientierte Gläubigkeit noch in Besitz zu nehmen. Von regelrechter Gottesvergiftung spreche ich, wenn die Seele, bevor sie langsam zu sich selbst findet, so von Theologie und einem lebensfeindlichen oder angstmachenden Gottesbild ausgefüllt ist, daß der Vergiftete, statt ein Beschenkter zu sein, sich verliert und zur Marionette wird oder in seinem eigenen Haus von einer tyrannischen Macht beherrscht wird.

Mißbrauchte Andacht und mißbrauchter Glauben

Sie stellen nicht nur eine Katastrophe der Selbstentfremdung dar. Sie stellen auch den Patienten wie den Therapeuten vor ungewöhnliche Aufgaben. Denn Zurückweisung oder Mißbrauch von »heiligen« Gefühlen hinterlassen einen Schmerz und eine Scham, die es heutzutage viel schwieriger machen, über solche Probleme zu sprechen als über Sexualität oder Beziehungsstörungen. Die Verletzung trifft den Kern, der die seelischen Kraftreserven hinter unserer biologischen und affektiven Ausstattung beschädigt oder zerstört. Also haben wir es, wenn in der Psychotherapie die früh verletzte Andacht sich wieder zeigen will, mit Angst und Widerständen von besonderer Qualität zu tun, die nur überwunden werden können, wenn der Therapeut sich nicht nur auf die reine Professionalität seiner Haltung verläßt, sondern wenn er sich anrühren läßt von einer bedrohlichen Koppelung von Andacht und Unglück.

Am besten kann ich das vieldimensionale Geflecht zwischen Andacht, Familie, Religion und politischer Katastrophe vielleicht deutlich machen durch Stichworte aus einer Fallgeschichte, die mich in Atem hielt und ausspannte zwischen Hoffnung und Resignation:

Eine junge, etwas leichtlebige Frau verlobt sich im Herbst 1942 mit einem jungen Soldaten, bevor er an die Ostfront muß. Sie lebt, in Auflehnung gegen die Familie, ein Stück milder Verwahrlosung und wird von einem anderen Mann, der nie genannt wird, schwanger. Es könnte ein Armee- oder SS-Offizier sein, in dessen Kreisen sie wegen ihres strahlenden Charmes verkehrt. Es könnte aber auch ein untergetauchter jüdischer Freund aus der Familie ihres früheren jüdischen Arbeitgebers sein. Der Verlobte an der Front akzeptiert aber die Vaterschaft und erwählt das werdende Kind als sein Symbol der Lebenshoffnung in der Todesnähe des Krieges. Er sieht das Kind während eines einzigen Urlaubs. Sonst bleiben nur Fotos von diesem vermeintlichen Vater, der den Säugling schützend auf dem Arm hält. Durch das sehnsüchtige Anschauen des Bildes durch das Kind wird er später zum magischen Vater, der über den Wolken, fast im Himmel wohnt. Eine Art privater Vater-Theologie hilft der Patientin, mit einem inneren Andachtsbild, an das sie sich wenden kann und das sie begleitet, schlimme Phasen ihres Lebens durch diese fast religiös getönte Beziehung zu überwinden, vor allem auch die unzuverlässige, ja sadistische Mutter. Sein überhöhtes Bild wird zum inneren Zeugen ihres irdischen Leidensweges und zum Garanten ihres Lebenswillens. Sie gestaltet mit ihm und für ihn einen inneren Kapellenraum der Bindung, die vom wirklichen Leben abgetrennt ist und dennoch trägt. Der magische Vater ist zu einem mächtigen Schutzengel geworden, ohne den sie nicht überlebt hätte. Hier wäre es falsch, von einer Vergiftung zu sprechen: der magische Vater enthält alle Geborgenheitswünsche, die sonst auf Gott übertragen werden. Bedrohlich im Lauf des Lebens kann ein solcher überzogener und unbewußter Glauben werden, weil er andere vitale Kräfte lahmlegt und zu viele Bindungskräfte aufsaugt.

Der Therapeut kann dabei plötzlich als sehr negativ, ja bedrohlich erlebt werden, wenn er sich nicht selbst zum mächtigen Schutzengel machen läßt, sondern diese frühes Elend bannende, neurotische Konstruktion auflösen will. Daß der tote magische Vater zum Kindergott wurde, hängt damit zusammen, daß der christliche Gott von Mutter und Großmutter zu bedrohlich und zu sehr Erziehungsinstrument war und daß die Patientin angesichts der menschlichen Schwächen der beiden gar nicht an den Gott glauben konnte, den sie vermitteln wollten.

Andacht, Körperlichkeit und Körpertherapie

Die Einsicht, daß Andacht früh beim Kind entsteht, wenn es mit Mutter oder Vater noch in ganz enger leib-seelischer Verbindung lebt, hat mich auch dazu geführt, über die Verbindung von Körpertherapie und Andacht neu nachzudenken. Ich tue es hier auf einem kleinen Umweg über das Kind, für das die Mutter oder auch der Vater, neben der realen Beziehung, Andachtspersonen darstellen. Es können auch andere wichtige Bezugspersonen sein, z. B. eine Großmutter oder sogar abwesende, aber symbolisch präsente Figuren: man denke an die Millionen Fotos von Vätern an der Front, von Gefallenen oder Verschollenen, von Besuchern oder Verwandten, von denen eine Faszination ausgeht, oder von Stars oder Künstlern, die verehrt werden.

Es gibt Berührungen, körperliche und seelische, die ein Kind als »heilig« oder als zu heiligen Momenten gehörig erlebt. Die Jungianer würden vielleicht sagen: wenn unsere Seele in Kontakt kommt mit dem Numinosen oder einem Archetypus, der neue Dimensionen erschließt. Dann rücken solche Personen in Vermittlerrollen – auf eine paradoxe Weise: ihre persönlichen Eigenschaften sind wichtig, und trotzdem sind sie Träger von etwas über sie Hinausweisendem. Wenn man es zu formulieren versucht, hat man, so scheint es, das Geheimnis schon entweiht. Aber das glaube ich nicht, Annäherungen durch die Sprache müssen erlaubt sein. Jungs Begriff des Numinosen reizte mich oft durch das allzu Vage, durch den für mich zu raschen Qualitätssprung von etwas biographisch nicht Faßbarem hin zum Geheimnisvollen oder Religiösen.

Für mich bleibt eine enge Verbindung bestehen zwischen wichtigen Entwicklungsschritten des Kleinkindes, seiner mitgebrachten Fähigkeit zur Andacht und dem Eindringen religiöser oder kultureller Inhalte, mit denen es aktiv und mitgestaltend leben kann.

Je mehr Eltern (oder Therapeuten) sich bewußt sind, daß sie Träger von heiligen Momenten sind, desto weniger muß der Inhalt der Andacht abgespalten und zu einem tröstlichen oder kompensatorischen Geheimbesitz werden. Desto weniger braucht es aber auch eine sündentheologische dogmatische Religion, die die Spiritualität des Erlebens quasi aufsaugt in einem den Menschen entwertenden oder verdächtigenden Glaubensgebäude. Aber das bedeutet noch lange nicht, daß Gott überflüssig wird. Vorsichtige Berührungen in der therapeutischen Regression können jedoch dem verletzten Kind nachholend etwas geben in einem Trauma der Entbehrung (nämlich liebevolle Berührung), was dann durch ein neurotisches oder kompensierendes Gottesbild ersetzt wurde. Der enge Zusammenhang zwischen heilsamer Berührung und Andacht hat mir den Weg gewiesen zu der Unterscheidung von giftigem und erträglichem Gott.

Ich hole mir noch einmal Rat bei einem kurzen Ausschnitt einer Fallgeschichte. Eine Patientin wird bei Kriegsende als drittes Kind und unter schwierigen familiären Umständen geboren – der Vater ist an der Front und später in Gefangenschaft –, als eigentlich gerade kein Kind mehr kommen sollte. Sie kann unter den drückenden Umständen der Sorge ihr Temperament nicht leben, bändigt es durch eine starke religiöse Entwicklung; sie beschließt, »heilig« zu werden, führt eine Art Doppelleben durch die Erfüllung selbstauferlegter Gelübde, Gebete und regelmäßigen einsamen Besuch in der Kirche, die an ihrem Schulweg liegt. Etwas verkürzt ausgedrückt, könnte man von einem Erwählungsvertrag mit Gott sprechen, der dem seelischen Elend einen höheren Sinn gibt. Die nie erfüllte Hoffnung des Kindes und der Jugendlichen richtet sich auf Zeichen Gottes, die die Sehnsucht nach Geborgenheit, Andacht und Erwählung stillen sollen.

Als Therapeut steht man vor der schwierigen Aufgabe, zusammen mit der Patientin herauszufinden, wie sich spirituelles seelisches Potential und neurotische Verarbeitung vermischt haben. Denn irgendwann hat sie später die Gelübde einfach vergessen, Gott hat nicht geantwortet, die Nüchternheit der Erwachsenenwelt hat sich über die unterirdisch aufbewahrten Schätze und unerfüllten, fast mystischen Sehnsüchte geschoben. Es gibt zuletzt nur noch körpersprachliche Zeichen von unbewußt gewordenen Szenen der Suche nach Heiligkeit, Sinn, Geborgenheit und heilender Berührung; es gibt Variationen im Sprachklang und eine averbale Form der Kommunikation, die den Therapieraum immer wieder in einen Andachtsraum zu verwandeln vermag. Wenn der Therapeut »mitspielt«, geht von der geteilten Andacht auch etwas Heilsames aus. Oft aber verstärkt sich ein gewisser Druck der Inszenierung, und die haltenden Gebärden, die der Therapeut machen soll, und die Art der

Selbstüberantwortung der Patientin an ihn drängen den Therapeuten in die Rolle einer heiligen Figur, von der ganz real Erlösung erwartet wird. Er erlebt sich als übergroß, es wird ihm unbehaglich, wenn er die ihm übertragene Rolle weiterspielt. Ein leichtes Gefühl von Mißbrauch und Entpersönlichung schleicht sich ein. Die neurotischen Aspekte der Andacht verdichten sich in der Übertragung, nicht ohne die neurotischen Momente im Therapeuten zu mobilisieren: die Verlockung, mächtiger und heilender zu sein, als er ist; und eine manchmal spontane und stimmige oder auch neurotische Gegenwehr gegen die ihm angetragene heilige Macht.

In der erneuten Inszenierung des kindlichen Suchens nach Gott, also in der sogenannten Übertragungsneurose, wiederholt sich das Ringen des Kindes um eine Konkretisierung des Ziels aller Andacht: einer Verschmelzung mit Gott oder dem Göttlichen, aber gehalten von einer tragenden Elternbeziehung. Einerseits hat also die Bereitschaft des Therapeuten, Andacht als wichtige Beziehungsform zuzulassen, zur Steigerung der Erwartungen geführt, andererseits erfolgt irgendwann der Umschlag in ein Unbehagen: der Therapeut soll Gott oder Jesus sein. Von diesem Stadium aus ergeben sich neue diagnostische Überlegungen: etwa »Depression mit anschließender Gottesvergiftung« und Gedanken, wie das leidende Kind wieder aufzufinden wäre. Denn dieses ist durch eine Überdehnung von andächtiger Sehnsucht in ein religiös-neurotisches Lebensskript geraten. Man merkt, ich umkreise immer wieder das Problem der Abgrenzung von spiritueller Begabung, Glauben und neurotischem Elend.

Da Andachts- oder gar Gottesübertragungen den seelischen Raum des Therapeuten einschließlich seiner Gegenübertragungen stark belasten können, ist der Ausweg für mich die *Inszenierung*.

Damit ist gemeint: den frühen Interaktionsraum mit Gott oder anderen Andachtsfiguren wiederherzustellen, ohne ihn auf den Therapeuten zu zentrieren. Der Therapeut tritt also aus dem Mittelpunkt sehr massiver Rollen- oder Stimmungszuschreibungen heraus und wird vom Objekt zum Regisseur der früheren Szenen. Er kann dann leichter das Potential kindlicher und später neurotisch infizierter Andacht würdigen, indem er zum Dolmetscher zwischen dem Patienten und dem Göttlichen wird, zu dem der Patient so verzweifelt Kontakt suchte.

Ganz vereinfacht ausgedrückt: Der Patient lernt in einem mühsamen und oft auch ängstigenden Geduldsspiel zu unterscheiden zwischen einem neurotisch verzerrten Gottesbild und einem Gott, dessen Stimme sagt: Du bist willkommen auf der Welt und ein wertvoller Mensch, auch wenn viele Umstände dich darüber von frühauf in tiefste Zweifel gestürzt haben. Das ist sogar mehr als ein nur erträglicher Gott. Aber bei manchen Patienten darf oder muß man sich zufriedengeben, wenn ein vergiftetes sich in ein erträgliches Gottesbild verwandelt, das nicht mehr auf seelische Demütigung, Schuld und Strafangst zielt.

Dabei ist aber Hilfe nötig bei der Überwindung der Scham, und es bedarf vieler Erklärungen, was die Neuinszenierung bedeutet. Im Rollenspiel kann dabei auch mit den verschiedenen Gottesbildern direkt gesprochen werden. Das Zurückschauen auf kompensatorische religiöse Lösungen kindlichen Elends ist extrem peinlich, so daß der Patient lieber die Neuinszenierung in Form von Übertragung wählt, als sich erinnernd in die frühere schmerzliche und schambesetzte Lage zu begeben. Nicht nur die Skepsis Freuds gegenüber der Religion und dem Gottesbegriff, sondern auch die Überlastung des Übertragungsraumes dürfte der Grund sein, warum so viele religiös-neurotische Störungen in klassischen Analysen einfach nicht beachtet oder durch Zurückweisung ausgegrenzt wurden. Der verstorbene amerikanische Psychoanalytiker Heinz Kohut zitiert in seinem Buch »Die Heilung des Selbst« (Frankfurt 1979) eine Situation, zu der er durch eine Nachanalyse Zugang erhielt, in der der Patient sich einer religiösen Übertragung näherte, der Analytiker aber abweisend sagte: »Ich bin nicht katholisch.« Damit war die Ursituation der Andacht erneut verschüttet. Die oft fruchtlose Dauer sehr langer Analysen dürfte unter anderem damit zusammenhängen, daß undurchschaute religiöse Übertragungen und Erwartungen und die nichtthematisierte Hoffnung auf eine Form von Erlösung oder analytischer Heiligkeit im Untergrund zäh bestehenbleiben.

Die Rolle des Therapeuten

Der Therapeut sollte also einen toleranten Zugang haben zu Situationen der Andacht, mitschwingen, selbst andächtig werden können und trotzdem wach und strukturierend bleiben, wenn sich in der Gegenübertragung etwas abzeichnet, was sich anfühlt wie Überschwemmung, Mißbrauch, seelische Vergewaltigung, Entgrenzung, Überhöhung und Entpersönlichung. Er sollte versuchen, mit dem Patienten zur ursprünglichen Situation des Kindes durchzudringen, dessen spirituelle Grundgefühle vielleicht zurückgewiesen, mißbraucht oder in dogmatische Kanäle, als Moral und Sündenlehre, gelenkt wurden.

Nicht einmal die klassische Psychoanalyse ist heute darauf aus, Religion und den Glauben an Gott nur als neurotische Schiefheilung anzusehen. Andacht und Spiritualität sind kostbare Fähigkeiten des Menschen, sich und die irdischen Verstrikkungen zu transzendieren. Auf welche Theologie und welches Gottesbild sich diese Fähigkeiten richten, ist bereits eine zweite Frage. Die Psychotherapie möchte dem Patienten noch einmal die Fähigkeit zur Prüfung, ja zur Wahl zurückgeben, um das Vergiftete vom Heilsamen zu scheiden. Sie darf sich also weder in den Dienst einer Glaubensrichtung stellen noch Gläubigkeit und Religiosität prinzipiell bekämpfen, will sie nicht selbst einem missionarischen und oft selbst neurotischen Atheismus verfallen.

Der indische Philosoph, Guru, Psychotherapeut und Seelenführer Baghwan, dem sich bis zu seinem Tod auch Menschen, die ich schätzte, vorübergehend angeschlossen haben, hat mich durch folgende Tatsache aus großer Distanz heraus fasziniert. Er suchte Individuation und Wachstum für seine Anhänger zu verbinden mit vorübergehender geistlicher Führerschaft. Das Geheimnis war vermutlich die Verknüpfung von Ritualen, spirituellen und emanzipativen Impulsen, mit Entwicklungsmöglichkeiten zu tiefer Abhängigkeit wie zu einem Schub von Individuation und Freiheit, je nach den Grundkräften des jeweiligen Menschen, der sozusagen mit ungesättigten Andachtstentakeln nach heilsamer Heiligkeit Ausschau hielt.

In »Heilsamen Berührungen« – so der Titel des Buches von Günther Heisterkamp (München 1995) – kann sich menschliche Begegnung mischen mit der Andacht vor der elementaren Gegenwart eines bedeutungsvollen andern, die den konkreten Menschen übersteigt. So wie manche Eltern die kindliche Andacht vor ihnen mißbrauchen und sie mit personaler Liebe narzißtisch verwechseln, so kann auch der Therapeut psychisch etwas konsumieren, bei dem er doch Mittler sein sollte zu den jeweils eigenen Zielen des Patienten; oder aber ein Helfer bei der Entzifferung des symbolischen oder neurotischen Gehalts einer Andacht, die sowohl tragender Grund wie Flucht und Kompensation sein kann.

Wenn der Patient spürt, daß der Therapeut das leidende Kind nicht vergißt, das Auswege aus der Not suchte; wenn er ferner spürt, daß er sich als Mittler oder Entzifferer begreift, aber selbst auch andächtig sein kann, dann ist er auch bereit, einen Raum zu betreten, in dem er seine seelischen Kräfte neu inszenieren kann. Dazu mag sogar eine Wiederholung der Situationen von kindlichem Gebet oder kindlichem Gesang hilfreich sein, mit Unterstützung durch Atmung, Bilder oder Musik.

Thesenartig vereinfacht: der Therapeut, vor allem auch der Körpertherapeut, sollte fromm und andächtig sein können. Aber er muß nicht gläubig sein. Seine eigene Auseinandersetzung mit seinem Kinderglauben, egal ob dankbar oder verneinend, sollte hinter ihm liegen, so daß seine Antworten nicht komplexhaft oder missionarisch wirken, sondern sich auf die verborgene oder erst wachsende Spiritualität seines Patienten zentrieren können. So kann der Ungläubige dem religiös Verirrten wieder glauben helfen, und der Gläubige kann einen neurotisch verbogenen Glauben auflösen helfen. Der Rückgriff auf Spiritualität als eine aus der Kindheit stammende, aber nicht kindlich gebliebene Fähigkeit zur Andacht hilft, Glaubensprobleme therapeutisch anzugehen, ohne zu werten. Was der Patient glauben soll oder was er nicht glauben soll, dies zu entscheiden ist nicht Sache der Therapie.

VOM BILDUNGSDILEMMA DER EVANGELISCHEN KIRCHE

Friedrich Wilhelm Graf

»Die Liebe zur Wissenschaft und die Pflicht meines Amtes spornen mich an, von der Neubelebung der Studien und der Neugeburt der Musen zu reden, für die Euch alle zu gewinnen mir Herzensbedürfnis ist. Ihre Sache möchte ich führen gegen die Barbaren, die sich als Gelehrte brüsten und mit barbarischen Mitteln den Fortschritt unterbinden möchten.«

Mit diesen Worten begann Philipp Melanchthon 1518 seine Lehrtätigkeit als Professor für griechische Sprache an der Universität Wittenberg. Der erst 21 Jahre junge humanistische Professor forderte eine tiefgreifende Reform der Wissenschaften und wollte neuen, kritischen Fächern wie Geschichtswissenschaft, Poetik und Naturwissenschaft Eingang ins akademische Studium verschaffen. Mit seinem Ruf »zurück zu den Quellen« fand er ebensoviel Resonanz wie mit seinen rastlosen Aktivitäten zur Erneuerung von Schule und Universität. Der hochgebildete, sensible Intellektuelle war neben Martin Luther der wichtigste Vertreter der Wittenberger Reformation. Mit faszinierenden theologischen Argumenten begründete Melanchthon die Einheit von Glaube und Bildung, Religion und Humanität. Seine Argumentation läßt sich in knappen Worten zusammenfassen: Durch Christi Menschwerdung und die Sendung seines Geistes habe Gott uns arme Sünder zu Menschen verwandeln wollen, die sich tatfreudig in den Dienst des Nächsten stellen und die Wohlfahrt des Gemeinwesens fördern. Erfolgreiche Verbesserung der weltlichen Dinge setze aber Wissen über die Welt sowie technische und politische Handlungskompetenz voraus. Für den Christenglauben sei Bildung deshalb unverzichtbar. Ungebildete Pfarrer und Religionslehrer waren Melanchthon ein Greuel. Einen großen Teil seiner Zeit widmete er der Hebung des Bildungsstandards der Pfarrer und der Förderung bzw. Gründung von Bildungseinrichtungen für die protestantischen »Laien«. So wurde Melanchthon zum wichtigsten Wegbereiter einer protestantischen Bildungskultur, die das Schulwesen und die Universitäten in Deutschland bis in unser Jahrhundert hinein geprägt hat. Die Erinnerung an Melanchthons Humanitätschristentum läßt aber auch erkennen, wie sehr sich das Profil der deutschen evangelischen Kirche in Bildungsfragen seitdem verändert hat. Eine Sozialgestalt des Christentums, die ursprünglich durch die innere Einheit von Glaube und Bildung bestimmt war, ist heute weithin durch ein elementares Bildungsdilemma geprägt. Dies soll in zwei Schritten erläutert werden: einem knappen historischen Rückblick auf die Geschichte der Pfarrerschaft im 19. und frühen 20. Jahrhundert sowie in einer Skizze von Wandlungstendenzen protestantischer Religionskultur seit den sechziger Jahren.

Gebildete Pfarrer als Funktionsleiter

Wie in anderen Großorganisationen, in den Parteien, Verbänden und Wirtschaftsunternehmen, spielen auch in den Kirchen Funktionseliten eine wichtige Rolle. In der evangelischen Kirche sind dies traditionell die Pfarrer und Pfarrerinnen. In seiner »Kurzen Darstellung des theologischen Studiums« hatte der einflußreichste protestantische Theologe des 19. Jahrhunderts, Friedrich Daniel Ernst Schleiermacher, 1810 zur »Organisation« der Kirche erklärt:

»So beruht nun alle eigentliche Kirchenleitung auf einer bestimmten Gestaltung des ursprünglichen Gegensatzes zwischen den Hervorragenden und der Masse.«

Schleiermacher meinte dies keineswegs massenkritisch, im

Sinne einer autoritären Überordnung der für die Leitung der Ortskirche verantwortlichen Pfarrer und Pfarrerinnen über die Gemeinde. Als überzeugter Liberaler und als Anhänger einer presbyterial-synodalen Kirchenverfassung wollte er sowohl die Verantwortung der Pfarrer für die Gesamtheit der ihnen anvertrauten Christen als auch die Autonomie des einzelnen Christen betonen. Mit großem Nachdruck erneuerte er deshalb jenes Leitbild des Pfarrberufes, das seit der Reformation in Deutschland prägend gewesen war: Der Pfarrer sollte die freimachende Wahrheit des Evangeliums als gegenwartsrelevantes religiöses Orientierungswissen auslegen und als gebildeter Vermittler der christlichen Überlieferung die Gemeindeglieder zu individueller, selbständiger Aneignung der Glaubensüberlieferung ermutigen. Als Repräsentanten akademischer Bildung, die »den Leuten« im Alltag zumeist sehr viel näher kommen als die Inhaber anderer akademischer Professionen, etwa die Juristen oder auch die Ärzte, sollten die Pfarrer bei den Mitgliedern ihrer Gemeinde Bildungsprozesse initiieren und insbesondere für die Erziehung und Bildung der Jugendlichen Mitverantwortung übernehmen. Mit seinem Ideal des möglichst allseitig gebildeten professionellen Kommunikators der christlichen Überlieferung trug Schleiermacher erheblich dazu bei, in weiten Kreisen der deutschen protestantischen Pfarrerschaft ein der Durchsetzung der modernen bürgerlichen Gesellschaft entsprechendes Rollenverständnis zu verankern, das, ganz im Sinne von Melanchthons Humanitätschristentum, an der notwendigen Einheit von Glaube und Bildung orientiert war.

Dieses bildungszentrierte Verständnis der Pfarrerrolle wurde insbesondere im sog. Kulturprotestantismus tradiert, d. h. in jenen im späten 18. Jahrhundert entstandenen Strömungen im deutschen Protestantismus, die primär von Bildungsbürgern getragen wurden.

Der Heidelberger Soziologe M. Rainer Lepsius hat in seinen grundlegenden Analysen des deutschen Bildungsbürgertums diesen Kulturprotestantismus so beschrieben: »Der Kulturprotestantismus ist die Anpassungsform, die das Bildungsbürgertum wählt, um das Spannungsverhältnis zwischen Bildungswissen und Heilswissen zu überbrücken, das individuelle religiöse Gefühl mit dem Anspruch auf Allgemeingültigkeit des Bildungswissens zu verbinden. Gerade hier finden die kulturellen Differenzierungsprozesse, die mit der Ausformung des Bildungsbürgertums verbunden sind, ihren stärksten Ausdruck. Insofern die protestantischen Pfarrer selbst in diesen Konflikt einbezogen werden, Teile der akademischen Theologie sich verwissenschaftlichen, wird das Spannungsverhältnis zwischen Bildungswissen und Heilswissen in die protestantischen Kirchen selbst getragen.«

Die produktive Bearbeitung dieser Spannung zwischen alter Glaubensüberlieferung und neuen wissenschaftlich formulierten Bildungsidealen sahen viele kulturprotestantische Theologen im 19. und frühen 20. Jahrhundert als eine zentrale Aufgabe an. Sie wollten sich in ihrer Verkündigungspraxis den vielfältigen kognitiven Konflikten stellen, die seit der Aufklärung und den wissenschaftlich-technischen Dauerrevolutionen der Moderne zwischen überkommener Kirchenlehre und »moderner Weltanschauung« entstanden waren. Diese kulturprotestantisch liberalen Pfarrer suchten individuelle Herzensfrömmigkeit mit kritischer Rationalität und modernen Bildungsgehalten zu einem Ideal selbstbestimmter reflektierter Lebensführung zu verschmelzen. Im sozial-moralischen Postulat der Selbstverwirklichung des freien Menschen durch Bildung, d. h. in der Verpflichtung, sich überliefertes Bildungswissen selbständig anzueignen und in den existentiell immer krisenhaften Prozessen solcher Aneignung zu einer »autonomen Persönlichkeit« zu reifen, sahen sie die entscheidende Konkretion des alten christlichen, speziell auch protestantischen Berufes zu Umkehr und innerer Erneuerung. Mit dieser religiösen Begründung und Vertiefung des Persönlichkeitsideals übten sie einen nachhaltigen Einfluß auf große Gruppen des deutschen protestantischen Bildungs- und auch Wirtschaftsbürgertums aus: In den im 18. und 19. Jahrhundert entwickelten Konzepten der autonomen und selbstverantwortlichen gebildeten Persönlichkeit schwangen immer protestantisch-religiöse Töne mit.

In Preußen und anderen Landeskirchen gerieten die kulturprotestantisch-liberalen Pfarrer seit den vierziger Jahren des letzten Jahrhunderts zunehmend in eine Minderheitenrolle. Die Mehrheit der Pfarrer begann ein Rollenverständnis zu entwikkeln, das durch pietistisch-konservative Traditionen und die entschiedene Entgegensetzung von Kirche und Welt, überliefertem Glauben und moderner Wissenschaftskultur geprägt war. Diese Pfarrer kamen zumeist aus Pfarrhäusern oder aus mittelständischen Milieus. Sie sahen in einer historisch-kritischen Universitätstheologie sowie in liberalen Kulturwerten und modernen Idealen autonomer Lebensführung primär einen Angriff auf das Evangelium und die Kirchenlehre.

Der Berliner Sozialhistoriker Oliver Janz hat in einer äußerst materialreichen Untersuchung über die preußische Pfarrerschaft zwischen 1850 und 1914 nachgewiesen, daß die evangelische Kirche, damals eine tragende Säule des monarchischen Obrigkeitsstaates, zunehmend von pietistisch-konservativen Geistlichen dominiert wurde, die die überkommenen engen Verbindungen zu anderen Gruppen des Bürgertums schnell abbrachen. Janz schreibt die Sozialgeschichte von Preußens evangelischen Pfarrern zwischen Märzrevolution und erstem Weltkrieg deshalb als Verfallsgeschichte fortschreitender Entbürgerlichung. In nur zwei Generationen habe sich eine Kerngruppe der deutschen Bildungsschicht zu einer kleinbürgerlichen Klerikerkaste gewandelt, die im selbstgewählten Kirchenghetto Agrarromantik, spießige Sozialmoral, religiös-begründeten Antiintellektualismus und eine diffuse Modernitätsfeindschaft kultivierte.

In den zwanziger und dreißiger Jahren des 19. Jahrhunderts hatte ein Drittel aller preußischen Studenten protestantische

Theologie studiert. Auch stellte die evangelische Theologie in der akademischen Welt eine zentrale Kulturwissenschaft dar, die allgemein geltende Normen für Staat und Gesellschaft begründen und insbesondere den angehenden Lehrer und sonstigen Kulturbeamten Wertorientierungen vermitteln sollte. Noch 1850 predigte jeder vierte deutsche Akademiker von einer evangelischen Kanzel. Protestantische Pfarrer übertrafen damals Rechtsanwälte, Oberlehrer und Professoren an Zahl und kulturellem Einfluß. Über ihre Söhne, die genialisch gestörten Erfolgsprodukte der Pfarrhaussozialisation, wirkten sie erfolgreich in den Kulturbetrieb, die Institutionen der Wissenschaft sowie in den Staatsdienst hinein. Mit der wachsenden Kirchendistanz der neuen bürgerlichen Funktionseliten und der Popularisierung diverser halb- oder nachchristlicher »Ersatzreligionen« gerieten sie in der zweiten Hälfte des 19. Jahrhunderts zunehmend in die Defensive. Prozesse der praktischen Entkirchlichung insbesondere im Wirtschaftsbürgertum sowie in der neuen Arbeiterklasse und ein neuer Kirchlichkeitsstil vieler Bildungsbürger, die sog. distanzierte Kirchlichkeit, führten zu einer schrumpfenden Nachfrage nach kirchlichen Dienstleistungen. Das soziale Ansehen der Pfarrerschaft begann zu sinken, und die wachsende Differenzierung der Gesellschaft bzw. die funktionale Verselbständigung gesellschaftlicher Funktionssphären wie Ökonomie, Politik und Kulturbetrieb bewirkte eine relativ schnelle soziale Marginalisierung der Pfarrerschaft. Viele Pfarrer reagierten darauf durch einen Habitus, der die »Emigration der Kirche aus der Gesellschaft« (Joachim Matthes) und die Absonderung der Pfarrer von anderen Gruppen des Bildungsbürgertums noch verstärkte. Sie zogen sich in eine berufsständische Subkultur zurück und beschränkten ihre Sozialkontakte nun weitgehend auf die »Kerngemeinde«, also jene Kirchenchristen, die Sonntag für Sonntag unter ihren Kanzeln saßen. Zu den vielen distanzierten Christen verloren sie den Kontakt. Pfarrer blieben nun gern unter sich. Ihre Söhne heirateten Pfarrerstöchter, und deren Kinder suchten ihre Ehepartner wiederum im Pfarrhausmilieu. Schon in der Schul- und Studienzeit bewegte man sich in den eigenen Kreisen.

Oliver Janz hat in seiner Studie dafür ein aussagekräftiges Beispiel beschrieben: Ein Viertel der westfälischen Pfarrer legte die Reifeprüfung am Evangelisch-Stiftischen Gymnasium in Gütersloh ab, einer christlich-konservativen Eliteschule, die der Verleger Carl Bertelsmann und andere erweckte Bürger der ostwestfälischen Kleinstadt 1851 zur Bekämpfung des »säkularistischen« Zeitgeistes gegründet hatten. Hier wurden dem westfälischen Pfarrernachwuchs schon auf der Schulbank modernitätskritische Wertorientierungen nahegebracht und pietistisch-konservative Identitätsangebote vermittelt, für die die entschiedene Ablehnung der modernen, »weltlichen« Bildung konstitutiv war. Auch in der akademischen Welt wurde die Abgrenzungsmentalität der Theologen habitualisiert: An den Universitäten separierten sich die Theologen von anderen Studenten, indem sie in eigenen Verbindungen wie dem »Wingolf« Kirchlichkeit, fromme Bildung und ethischen Idealismus kultivierten.

Natürlich gab es in der zweiten Hälfte des 19. Jahrhunderts und zu Beginn unseres Jahrhunderts weiterhin kulturprotestantisch-liberale Pfarrer, die ihre protestantische Identität durch die immer neu zu gewinnende, d. h. durch Bildungsanstrengungen zu erarbeitende Einheit von altem religiösem Orientierungswissen und moderner Wissenschaftskultur definierten. Aber sie wurden in den meisten deutschen Landeskirchen – eine Ausnahme stellte faktisch nur die badische Landeskirche zu Beginn unseres Jahrhunderts dar – zu einer Minderheit und litten unter der wachsenden Entfremdung zwischen dem sozialkonservativem evangelischem Kirchenmilieu und der Welt des liberalen Bildungsbürgertums. Diese Entfremdung betraf nicht nur einzelne kognitive Gehalte und praktische Kulturnormen, sondern zeigte sich bis in die verhaltensprägenden Muster der alltäglichen Lebensführung hinein. Der Lebensstil der meisten Pfarrer wurde immer kleinbürgerlicher, geprägt durch alte sozialkonservative Werte und ein tiefes Ressentiment gegenüber modernitätsspezifischen Prozessen wie Urbanisierung, Pluralisierung, Beschleunigung der Zeit, Freizeit- und Konsumkultur und Individualisierung der Lebensstile. So wie im späten 16. und 17. Jahrhundert lutherisch-orthodoxe Theologen gegen das Theater gewettert hatten, weil hier immer auch die sinnlichen Begierden des Menschen inszeniert wurden, oder manche Pietisten in ihren asketischen, lustfeindlichen Auffassungen der menschlichen Sexualität das Tanzen zu verbieten versucht hatten, fühlten sich diese kleinbürgerlich sozialisierten Pfarrer aus religiösen Gründen nun angewidert vom modernen Kulturbetrieb, insbesondere vom Kino, und den vielen neuen avantgardistischen Kunstrichtungen. In der zunehmend dichter abgeschotteten Welt des eigenen Kirchenmilieus fand man für diesen tiefen, weil aus dem Zentrum ihres christlichen Glaubens begründeten Ekel an der Moderne fortwährend Bestätigung. Wurde man mit den kulturellen Widersprüchen und sozialen Konflikten der immer schneller sich verändernden modernen bürgerlichen Gesellschaft konfrontiert, erfuhr man sich als anders und die soziale Welt als fremd, fühlte sich irritiert und entwickelte Ängste. Die Ferne der Kirche zur »modernen Arbeitswelt« oder zu den Institutionen der »Marktwirtschaft«, die seit den fünfziger und sechziger Jahren unseres Jahrhunderts dann auch von theologischen Sozialethikern immer wieder beklagt wurde, hat insoweit sehr tiefe sozialstrukturelle Ursachen, die bis ins frühe 19. Jahrhundert zurückweisen. Sie lassen sich, in einer Formel zusammengefaßt, als die selbstgewählte, weil religiös begründete Isolierung der prägenden Funktionselite der Kirche, der Pfarrerschaft, gegenüber den dominant bürgerlichen Funktionseliten anderer gesellschaftlicher Funktionsbereiche bzw. Institutionen beschreiben: Viele Pfarrer lehnten die alten Ideale einer Einheit von protestantischer Religion und Bildungskultur nun auch deshalb ab, weil sie den sozialen Kontakt zu den Bildungsbürgern verloren hatten und deren kulturelle, am Leitbild der autonomen, gebildeten Persönlichkeit orientierte Normen für unkirchlich und mehr oder weniger unchristlich hielten.

Die Infantilisierung der protestantischen Religionskultur

In den sechziger Jahren begannen die beiden großen Kirchen in der Bundesrepublik damit, sich selbst zu erforschen. Sie untersuchten die Erwartungen ihrer Mitglieder an die Institution oder, in der Sprache der Marktwirtschaft formuliert, die Akzeptanz des Produkts Kirche bei den Kunden. Diese sog. Kirchenmitgliedschaftsstudien haben erkennen lassen: Die Kirchenmitglieder nehmen die Kirche in erster Linie über den Pfarrer wahr. Sie sehen in den Pfarrern bzw. Pfarrerinnen die berufsmäßigen, professionellen Repräsentanten der Institution Kirche. Trotz der skizzierten Prozesse der Selbstghettoisierung der Pfarrerschaft bringen die meisten Kirchenmitglieder den Pfarrern ein hohes Maß an Achtung und Vertrauen entgegen. Selbst jene Menschen, die die Kirchen verlassen, gestehen Pfarrern ein erstaunlich hohes Sozialprestige zu. Noch immer rangieren die evangelischen Pfarrer in den Werteskalen der angesehensten Berufe sehr weit oben. Ihnen werden zudem vielfältige Privilegien zugestanden. Daß sie in ihrer Arbeit sehr viel größere Freiräume als andere akademische Berufsgruppen haben, wird von der großen Mehrheit der Kirchenmitglieder akzeptiert und begrüßt. Die meisten Kirchenmitglieder erwarten von den Pfarrern sehr viel: Sie hoffen auf intensive Gespräche bei Amtshandlungen, insbesondere bei Beerdigungen, wünschen sich in elementaren Krisensituationen des Lebens, etwa beim Tode naher Angehöriger oder Freunde, seelsorgerliche Hilfestellung und sind bereit, die Pfarrer in der eigenen Wohnung zu empfangen. Hier wirkt die alte Tradition der Hausbesuche nach. Dies verdient eigene Beachtung, weil es eine gesellschaftliche Sonderrolle der Kirchen erkennen läßt. Die moderne bürgerliche Gesellschaft ist auch durch strikte, freiheitsdienliche Grenzlinien zwischen »privat« und »öffentlich« gekennzeichnet. Der eigene private Lebensraum wird nach außen geschützt und nur für Verwandte und Freunde oder, in Ausnahmesituationen, für sehr wenige Funktionsträger, etwa für den Hausarzt oder für Handwerker, geöffnet. Beim Pfarrer sehen viele Kirchenmitglieder dies anders. Sie stehen einem Besuch des Pfarrers aufgeschlossen gegenüber und sind an einer »persönlichen Begegnung« interessiert – weil der Pfarrer die kirchliche Institution repräsentiert und der »persönliche« Kontakt zum Pfarrer immer auch als Beziehung zur Kirche wahrgenommen wird. Selbst indem sie den Pfarrer auf dem Postamt von Ferne grüßen, bekunden viele Kirchenmitglieder ihrer subjektiven Wahrnehmung nach eine residuale Bindung an die kirchliche Institution.

Dem großen Vertrauen, das die Kirchenmitglieder den Pfarrern entgegenbringen, entspricht auf seiten vieler Pfarrer aber keine angemessene Rollendefinition als Funktionselite der Kirche. Viele Pfarrer mögen aus theologischen Gründen die Volkskirche nicht, die sie leiten und öffentlich vertreten sollen. Theologische Modelle der Kirche, in denen die konfessorische (und zumeist auch: sozial-kulturelle) Geschlossenheit und Gesinnungshomogenität einer kleinen Gruppe zum entscheidenden Kriterium wahren Christseins erklärt wurde, haben aufgrund der prägenden Erfahrungen des Kirchenkampfs der dreißiger Jahre und der politischen Repression der Christen in der DDR in der deutschen Pfarrerschaft große Resonanz gefunden. Im Namen der prophetischen Bekenntnis- oder Gemeindekirche wird die Volkskirche als eine Organisation empfunden, die aufgrund ihrer unscharfen Ränder und ihres internen Pluralismus weithin nur die Mehrdeutigkeiten und Konflikte der Gesellschaft insgesamt spiegele. Dagegen wird dann der verständliche Wunsch nach mehr Eindeutigkeit und überschaubaren kirchlichen Verhältnissen gesetzt. So ist ein zentrales Motiv der Reformation, die Kritik der kirchlichen Institution, faktisch zu einem wichtigen Element des professionellen Selbstverständnisses vieler evangelischer Pfarrer geworden. Die Organisation, die sie in ihrem beruflichen Handeln vertreten sollen, lehnen sie innerlich ab. Sie agieren dann als eine Funktionselite, die Funktionalität verweigert. Sie tun nicht oder nur unwillig, was viele Menschen von ihnen erwarten: religiöse Dienstleistungen zu erbringen, die großen Feste des Lebens zu feiern, christliche Tradition als Sinnangebot für Leid und Tod zu vergegenwärtigen und sich den Individuen in den Widersprüchlichkeiten ihrer je besonderen Lebensgeschichten zu öffnen.

Die empirischen Untersuchungen zur Kirchenmitgliedschaft und zur Stabilität der Kirche, die VELKD und EKD in den siebziger und achtziger Jahren durchgeführt haben, haben übereinstimmend gezeigt, daß zwischen der Selbstdarstellung der Kirche und den Erwartungen, die die große Mehrheit ihrer Mitglieder an sie richtet, eine tiefe Kluft besteht. Die große Mehrheit ihrer Mitglieder hat durchaus Interesse an der Kirche, leidet aber darunter, daß die kirchliche Verkündigung sowenig verständlich geworden ist. Aussage und Sprachstil der Predigten seien oft nicht rational nachvollziehbar. Gerade in Situationen, in denen man von der Predigt besonders viel erwarte, werde häufig nur noch eine religiöse Formelsprache reproduziert, die zur Deutung und Bewältigung der jeweiligen Lebenssituation nichts beitrage. Selbst Beerdigungsansprachen seien oft unpersönlich, nur noch lieblos und allzu eilig vorbereitet.

Solche Kritik an der Wahrnehmung ihres Berufes wird nicht nur von vielen Pfarrern, sondern auch von den Funktionären in den Kirchenbürokratien weithin ignoriert. Sie nehmen Krisenphänomene als ein die Kirchen von außen treffendes Schicksal wahr, für das man »die gesellschaftliche Entwicklung«, »die Marktwirtschaft«, »die moderne Kultur«, »die Medien« oder den bösen modernen, egozentrisch »individualistischen Menschen« verantwortlich macht – also irgendwelche unbestimmten Allgemeinsubjekte, die von der eigenen Mitverantwortung abzulenken erlauben und die gewiß schwierige Auseinandersetzung mit der Frage ersparen, inwieweit die wichtigsten kirchlichen Amtsträger, die Pfarrer oder, genauer, bestimmte Pfarrer, für verbreitete Enttäuschungen, Gefühle der Mitglieder, nicht ernst genommen zu werden, und schließlich auch Kirchenaustritte mitverantwortlich sind. Auch wenn sich solche, häufig theologisch begründete Immunisierung gegenüber der Kritik der Kirchenmitglieder organisationssoziologisch – durch die in allen Großorganisationen und Institutionen zu beobachtende Tendenz der Verselbständigung des »Apparats« und der Funktionäre gegenüber der »Basis« – erklären läßt, verdient sie auf dem Hintergrund der protestantischen Überlieferung besondere Beachtung: Denn die Kritik der Mitglieder an der Kirche hat ein spezifisch protestantisches Profil. Die Protestanten klagen hier gegen die Institution Kirche ein, was einst die besondere religiöse Leistungskraft des Protestantismus ausgemacht hat, seine Wortkultur.

Der protestantische Charakter dieser Kritik zeigt sich auch im konfessionellen Vergleich. Nicht nur die Protestanten, sondern auch viele Katholiken gehen davon aus, daß sich der protestantische Pfarrer vom römisch-katholischen Priester durch eine deutlich höhere kommunikative Kompetenz, durch eine bessere rhetorische Ausbildung und eine größere Fähigkeit zur rationalen, intellektuell nachvollziehbaren Glaubensdarstellung auszeichnen müsse. Desto größer ist die Enttäuschung, wenn der Pfarrer nicht mehr mit dem Kopf, sondern aus dem Bauch predigt und die Beschwörung individueller Erfahrungen an die Stelle von intersubjektiv nachvollziehbaren Argumenten tritt.

In der mangelnden Bereitschaft vieler Pfarrer, als gebildete Funktionselite der Kirche zu handeln, steckt für die evangelische Kirche ein großes, für ihre zukünftige gesellschaftliche Prägekraft entscheidendes Problem. Denn in einer komplexen Bildungsgesellschaft hängt die kulturelle Prägekraft einer Organisation entscheidend von der Fähigkeit ihrer Funktionselite ab, über die Kommunikation nach innen hinaus mit den Eliten anderer Organisationen zu kommunizieren. In einer Gesellschaft, die immer stärker durch Bildung, Leistung und Kompetenz bestimmt wird, steigen auch die Anforderungen an die Pfarrer. Von ihnen wird die Fähigkeit verlangt, sich auf Verschiedenheit eiozulassen, Menschen in ihrer Individualität ernst zu nehmen und das Gespräch mit den Funktionseliten anderer Organisationen zu pflegen. In einer Bildungs- und Kulturgesellschaft steigen zudem die reflexiven Anforderungen an die Tradierung des Christlichen. Der Zwang zur Dynamisierung und inneren Modernisierung der eigenen Organisation, der durch die sich beschleunigenden Prozesse kapitalistischer »Globalisierung« auf Wirtschaftsunternehmen und andere Organisationen unserer Gesellschaft ausgeübt wird, betrifft insoweit auch die Kirchen: Durch die Globalisierungsprozesse werden die Anforderungen an die funktionsspezifische Kompetenz und die Bildung von Funktionseliten insbesondere in »der Wirtschaft« und im expandierenden »Dienstleistungssektor« noch einmal verschärft. Immer mehr Organisationen unserer Gesellschaft investieren erhebliche Kraft und Mittel in die Stärkung der organisationsspezifischen Kompetenzen und der Bildung der in ihnen tätigen Menschen. Viele Unternehmen institutionalisieren eigene (Fort-)Bildungsprogramme und suchen die Fähigkeiten ihrer Mitarbeiter gerade in solchen Themenfeldern zu bilden bzw. zu stärken, für die traditionell die Kirchen zuständig gewesen sind: in der selbstverantwortlichen Wahrnehmung ethischer Fragestellungen (bzw. der Formulierung einer Unternehmensethik), in der Ausbildung moralischer Kompetenzen sowie in der Reflexion auf kulturspezifische Faktoren, die die Art des Umgangs mit anderen Menschen oder die Strategien zur Lösung von Problemen immer schon prägen. Je mehr ein Unternehmen global agiert, desto stärker werden die in ihm tätigen Menschen mit der

Besonderheit unserer eigenen Kultur und darin immer auch den tiefen kulturellen Prägekräften der jüdischen und insbesondere christlichen Überlieferung konfrontiert.

Diese Erfahrung einer durch Konfrontation mit dem Fremden, anderen vermittelten neuen Aufmerksamkeit für die Besonderheit der eigenen, westlichen Kultur läßt sich exemplarisch am Ausspruch eines aus Deutschland stammenden, protestantisch sozialisierten Managers in einem großen transnationalen Unternehmen der Computerbranche verdeutlichen: Als »Chef« von Menschen mit höchst unterschiedlicher Herkunft sei ihm erst deutlich geworden, wie sehr er bis in die tiefsten Regungen seiner Seele hinein ein Protestant sei – auch wenn ihm die evangelische Kirche inzwischen zu einer fremden Heimat geworden sei.

Solche Erfahrungen einer tiefen kognitiven Dissonanz zwischen eigener, bildungsdefinierter Lebenswelt und Kirche werden durch einen neumodischen Stil kirchlicher Verkündigung verschärft, der das Religiöse gerade durch den prononcierten Gegensatz zu den alten Traditionen protestantischer Wortkultur zu vermitteln sucht. Es gibt in der evangelischen Kirche derzeit einen Trend zur Infantilisierung des Christlichen, zu einem Stil religiöser Kommunikation, der sich primär an Kinder und andere vermeintlich Unmündige richtet. Sei den frühen siebziger Jahren vollziehen sich in der religiösen Kultur des Protestantismus vielfältige Veränderungen. Die für den protestantischen Gottesdienst traditionell kennzeichnende Konzentration auf die Wortverkündigung wird zunehmend abgelöst von neuen Formen symbolischer Interaktion. Die alte Predigt wird zumeist als allzu intellektuell und abstrakt verworfen, als ein kommunikativer Akt, der bestenfalls den Kopf des Hörers, aber niemals »den ganzen Menschen« erreichen könne. Die dieser Krisendiagnose entsprechende Therapie besteht dann in der Suche nach Formen symbolischer Kommunikation, mit denen ein starkes emotionales Beteiligtsein des einzelnen erreicht werden kann. Die zentralen Leitbegriffe dieser neuen religiösen Erfahrungskultur sind Ganzheitlichkeit, Authentizität und Betroffenheit. »Liturgische Nächte« und »Feierabendmahl«, »Friedensprozessionen« und »Agape-Feiern« sind Beispiele dafür, wie sehr es der evangelischen Kirche dank einer Vorreiterrolle des Kirchentages hier gelungen ist, vor allem solche jungen Menschen erfolgreich anzusprechen, die unsere wissenschaftlich-technische, von ökonomischen Sachzwängen geprägte Kultur als kalt, materialistisch und sinnleer erfahren. Die symbolischen Sprachen der Religion dienen ihnen zumeist dazu, in einer als abstrakt und entfremdend erlittenen Moderne eine als bergende Heimat empfindbare kleine Gegenwelt zu erzeugen.

Dieser bemerkenswerte Erfolg ist jedoch ein zweischneidiges Phänomen. Indem sich in der Darstellung protestantischer Frömmigkeit das Schwergewicht vom Wort zum Mystisch-Sakramentalen verlagert, drohen sich auch die Prozesse der Selbstghettoisierung der Kirche und ihre Distanz zu den Welten der Bildung zu verstärken. In der rituellen Feier der kleinen Gemeinschaft bleibt man weithin unter sich. Dadurch wird das zentrale Kommunikationsproblem der Kirche in unserer Gesellschaft noch verschärft: ihr Bildungsdilemma. Der neue mystisch-religiöse Symbolismus leistet einen gewichtigen Beitrag zur Stabilisierung kleiner Gruppen in der Kirche, die zumeist friedens- und umweltpolitisch hoch sensibilisiert sind und sich intensiv in sog. »konziliaren Prozessen« engagiert haben. Doch indem er diesen Gruppen dazu dient, ihren inneren Zusammenhalt darzustellen und ihre Homogenität zu verbürgen, schließt er die vielen anderen zugleich aus. Wer nicht zur jeweiligen Kleingruppe gehört, kann das hier symbolisch Kommunizierte gar nicht mitvollziehen. Dies bedeutet: Die neue symbolische Kommunikation in der Kirche verbreitert noch die tiefen, im Prozeß sozialer Differenzierung entstandenen Gräben zwischen Kirche und Gesellschaft. Je mehr das Wort hinter Symbolhandlungen zurücktritt, desto größer wird die kognitive Dissonanz zwischen der Welt der Kirche und den Alltags- sowie Berufserfahrungen der großen Mehrheit der Kirchenmitglieder.

Für den in der evangelischen Kirche derzeit vorherrschenden Stil religiöser Kommunikation ist die Annahme leitend, daß der gebildete Christ der Vergangenheit angehört. Diese Voraussetzung ist jedoch unzutreffend. In einer Gesellschaft, die einer zunehmend größeren Zahl von Menschen mit hochspezialisierten Wissens- und Bildungskompetenzen bedarf, ist auch eine Kommunikation des Christlichen geboten, die sich zu den vielen Wissenswelten der Moderne in konstruktive Beziehung setzt. Wer nur auf Trivialisierung, »Seid nett zueinander!«-Moralismus und Rückzug ins Ghetto der Gleichgesinnten setzt, beschreitet einen Irrweg. Er treibt gerade jene Menschen aus der Kirche hinaus, die die Normenbildung und Wertorientierungen in unserer Gesellschaft besonders stark beeinflussen.

Die Kirchen haben in unserer Gesellschaft hervorragende Arbeitsmöglichkeiten. Ihre Funktionselite genießt ein relativ hohes Ansehen, viele Mitglieder sind zu bemerkenswert großen finanziellen Leistungen bereit, differenzierte Organisationsstrukturen sichern viele Möglichkeiten der Informationsbeschaffung. Eine zweitausendjährige Überlieferungsgeschichte des Evangeliums verschafft den Kirchen eine »corporate identity«, die keine andere Organisation hat. Im umkämpften Markt der Kultur haben sie ihr altes Ritenmonopol, etwa die Zuständigkeit für Taufe und Beerdigung, weithin bewahren können. Insoweit haben sie keinen Anlaß, larmoyante Krisenrhetorik zu kultivieren. In den verbreiteten Krisenszenarios spiegeln sich weithin nur die Ängste vor einer offenen Gesellschaft, in der die freien Bürgerinnen und Bürger von den Institutionen und Organisationen fordern, sich nach den Interessen und Bedürfnissen der Konsumenten zu richten – und nicht mehr, wie einst, dem Bürger autoritativ vorzuschreiben, was ihm »frommt«. Man mag, wie viele Pfarrer, die Durchsetzung des freien Marktes für die zentrale Fehlentwicklung der Moderne halten. Wer die von den Reformatoren erneuerte Freiheitsbotschaft des Evangeliums schätzt, kann die Zwänge, die vom Markt auf verknöcherte Institutionen ausgehen, aber auch positiv würdigen.

Melanchthon hat in seinen theologischen Analysen des Zusammenhangs von Glaube und Bildung jedenfalls betont, daß Geist wehe, wie er wolle. Der Reformator ging freilich davon aus, daß der Heilige Geist ein Geist der Bildung sei.

Literatur

Graf, Friedrich Wilhelm: Protestantische Theologie und die Formierung der bürgerlichen Gesellschaft. In: Ders., Profile des neuzeitlichen Protestantismus, 11–54. Gütersloh 1990.

Janz, Oliver: Bürger besonderer Art. Evangelische Pfarrer in Preußen 1850–1914 (Veröffentlichung der Historischen Kommission zu Berlin, Band 87). Berlin, New York 1994.

Lepsius, Rainer: Das Bildungsbürgertum als ständische Vergesellschaftung. In: Ders., Demokratie in Deutschland. Soziologisch-historische Konstellationsanalysen. Ausgewählte Aufsätze (Kritische Studien zur Geschichtswissenschaft 100), S. 303, 311f., 314. Göttingen 1993.

VERÄNDERUNG DER KIRCHLICHEN ORGANISATION
Anstösse und Instrumente

Beatus Fischer

Leben mit Konkurrenz

Die Kirche lebt unter Konkurrenz – hat es bislang jedoch nicht oder kaum wahrgenommen, sie beginnt langsam die Veränderung und den Wandel aktiv zu begleiten. Schon heute sind andere religiöse Angebote vielfältiger Art auf dem Markt und werden auch von Christen wahrgenommen; der Umsatz auf dem Esoterik-Markt ist höher als die Kirchensteuereinnahmen beider Kirchen zusammen. Zukünftig werden beide Volkskirchen zwar nicht Minderheiten sein, weil alle anderen sich in eine Vielzahl von Weltanschauungsrichtungen teilen; aber gegenüber heute mit mehr als 80 % werden die Christen bis zum Jahr 2030 um 20 bis 30 % der Mitglieder verlieren. Die Menschen werden älter und die Zahl der Kinder und Jugendlichen geringer. Je ein Drittel wird evangelisch und katholisch sein, und ein Drittel wird keiner Volkskirche angehören. Deutschland wird stärker als in der Vergangenheit Zuwanderungsland sein; Zuwanderer sind überwiegend nicht evangelisch. Diese Veränderungen bringen Herausforderungen für die äußere Gestalt der Kirche mit sich. Instrumente zur Begleitung dieses Veränderungsprozesses können hilfreich sein. Die wesentlichen Instrumente werden im folgenden erläutert:

Erkennbare Kirche

Konzentration auf das Wesentliche und Kommunikation dessen, was Kirche ist und will; Entwickeln von Kernkompetenz und Botschaftsaussage in der Sprache unserer Zeit sind notwendige Voraussetzungen dafür, daß Kirche erkennbar bleibt oder neu wahrgenommen wird.

Entwicklung von Leitsätzen

Wer plötzlich entdeckt, daß Konkurrenz das Feld, welches bislang vermeintlich durch Zäune geschützt war, mitbestellt und aberntet, gerät in eine Orientierungskrise. Damit umzugehen muß eingeübt und entwickelt werden. Vorbedingung ist allerdings, daß die Konkurrenz überhaupt wahrgenommen wird. Der Wechsel von der Monopolstellung zu Konkurrenzbedingungen ist zunächst mit Unsicherheit verbunden, löst Ängste bei der Mitarbeiterschaft und theologisch phrasierte Verdrängungsmechanismen bei jenen aus, die die Organisation als äußere Gestalt mit dem inneren, theologisch begründeten Zustand der Kirche gleichsetzen. Natürlich verändert sich nicht die Zusage, die Gemeinschaft der Gläubigen zu begleiten, doch mit dieser Zusage ist keine Bestandsgarantie für die äußere Gestalt gegeben. In der nächsten Phase erfolgt die Selbstvergewisserung: »wer sind wir?«, um dann zu fragen, »was wollen/sollen wir« und »wie setzen wir um, was wir sind und wollen?«. Etwas vollmundig werden diese Phasen Entwicklung einer Vision genannt, bescheidener formuliert: Leitsätze. Die Erarbeitung von Leitsätzen ist ein Prozeß, der nie abgeschlossen ist und einer ecclesia semper reformanda gut ansteht. Dieser Prozeß erfolgt im Gegenstromprinzip, das heißt, unter Einbeziehung aller Ebenen und nicht nur von oben nach unten. Was zur Reformationszeit Katechismen wie der Luthers oder der Heidelberger waren, fehlt für unsere Zeit, in unserer Sprache, mit unseren Bildern. Solange die konsentierte Positionsbestimmung nicht erfolgt ist, wird jeder und jede Kirche für sich interpretieren und leben. Das Nebeneinander unterschiedlicher Angebotsformen, beispielsweise der Frauen-, Jugend-, Erwachsenen-, Männerarbeit, zeigt eine Kirche mit vielen Säulen und eine Mitarbeiterschaft, die sich mit unterschiedlichen Aufgabenfeldern identifiziert, oft ohne Verständigung über ein alle verbindendes Ziel.

Die Verständigung der unterschiedlichen Angebotsträger auf eine gemeinsame Strategie und gemeinsame, von allen akzeptierten Leitsätzen ist mühselig und konfliktbeladen, aber unvermeidbar, wenn Kirche erkennbar bleiben soll.

Kommunikationsverbesserung und Identitätssteigerung

Für die Wahrnehmung von Kirche ist entscheidend, ob das, was sie ist, will und tut, verstanden und wahrgenommen wird; mit anderen Worten: kommuniziert wird. Es reicht nicht, das Richtige zu wollen, aber nicht verstanden zu werden. Da Verstehen subjektiv ist, geht es nicht nur um Wertevermittlung und Kernauftrag, sondern um das gesamte Erscheinungsbild von Kirche, ihrer Angebote und Verhaltensmuster; diese sollen und müssen eindeutig der Kirche zugeordnet und als solche Botschaften identifiziert, verstanden und mitgetragen werden. Das ist nicht nur theologisch geboten (und für eine missionarische Kirche unaufgebbar), sondern auch materiell erforderlich. Wenn 100 % der Mitglieder die Kirche finanzieren, aber nur 10 % ihre Angebote in Anspruch nehmen, ist dies unbefriedigend, und über Änderungen muß nachgedacht werden.

Die Erwartung, daß die Kirchenmitglieder die bestehenden Gemeindehauszirkel stärker besuchen sollten, ist unrealistisch, weil immer noch davon bestimmt, daß Menschen zur Kirche kommen und nicht die Kirche zu den Menschen hingeht. Eine solche Erwartung wird auch den berechtigten Ansprüchen der überwiegenden Zahl der Mitglieder nicht gerecht, die Kirche »bei Gelegenheit« suchen, aber sich nicht auf Dauer vereinnahmen lassen wollen. Für unterschiedliche Zielgruppen offene, zeitlich befristete und thematisch begrenzte Angebote können die Bindungswirkung erhöhen, ohne zu vereinnahmen.

Vom eigenen Selbstverständnis her reicht es nicht, diese Bindungswirkung zu stabilisieren, ohne auf Dauer dafür zu arbeiten, daß aus treuen Kirchenfernen, die bald untreu werden könnten, treue Kirchennahe werden. Die Identität der Begegnung von Kirche – intern und extern – soll gestärkt werden. Deshalb sind in einer Analyse der Kommunikationsfähigkeit sowohl die Mitarbeiter als auch die Mitglieder einzubeziehen. Eine Stärken-Schwächen-Analyse ist Ausgangspunkt für neue oder bessere Kommunikationsplattformen. Dabei ist es wesentlich, die zentrale Botschaft als Kernkompetenz zu transferieren; nicht ausschließlich mit Worten, sondern insbesondere durch Taten, Angebote und Leistungen. Kirche muß nach außen und innen wahrnehmbar und identisch erscheinen, wenn sie denn überhaupt wahrgenommen sein will.

Zur Ausbildung von Corporate-Identity gehören eindeutige Symbole. Regenbogen als Logo für die Friedensdekade und das aus der Frauenbewegung entliehene Symbol für Weiblichkeit lassen nicht ahnen, daß entsprechende Schriften und Plakate überhaupt einen kirchlichen Bezug haben, wenn sie nicht durch ein übergreifendes Symbol oder Logo als kirchliches Angebot verdeutlicht werden.

Es ist erforderlich, Kontaktebenen durch Zielgruppen zu definieren und unabhängig von separaten und vermeintlichen Zuständigkeitsstrukturen vernetzte und nicht versäulte Angebote zu entwickeln. Die Vielzahl der Angebote (man lese nur einmal die Angebote der Fort- und Weiterbildungsaktivitäten) in der Kirche, die nicht aufeinander abgestimmt sind und keinen gemeinsamen Nenner (außer der Kirchensteuerfinanzierung) erkennen lassen, sind nicht gerade identitätsbildend. Die Bündelung der Kräfte durch wenige, aber auf allen Ebenen thematisch durchgängige Themen und Angebote zu einer zeitgemäßen Darstellung des kirchlichen Auftrages ist die Voraussetzung solcher

Kommunikationsplattformen. Ein Thema für ein Jahr auf allen Ebenen ist sinnvoller als viele, womöglich widersprüchliche und für jede Ebene unterschiedliche Themen. Als ein solches zentrales Thema plant die EKD erstmals mit einem gemeinsamen Logo und Rahmenprogramm den Jahrtausendwechsel mit dem Leitsatz: »Unsere Zeit in Gottes Händen«.

Das setzt allerdings voraus, daß die Mitarbeiterschaft verpflichtet ist oder sich verpflichtet weiß mitzuarbeiten und sich mit Ziel und Botschaft identifiziert. Ein Mindestmaß an Übereinkunft und Identifikation mit den gemeinsamen Zielen ist erforderlich und ist Voraussetzung für eine gemeinsame, identitätsstärkende Kommunikation. Dies gilt selbstverständlich auch für Teile einer gemeinsamen Organisation.

So planen einzelne Landeskirchen für das Millennium trotz der EKD-Kampagne eigene Programme, mit eigenem Thema und eigenem Logo. Wenn Gliedkirchen aus der Gemeinschaft ausscheren, kann man dies den Mitarbeitern kaum vorwerfen.

Zur Wahrnehmung von Kirche gehört auch, daß Öffentlichkeitsarbeit, kirchliche Presse und Nachrichtendienste sich einer gemeinsamen Sache verpflichtet fühlen. Sich auf journalistische Freiheit und Unabhängigkeit zu berufen, deshalb sanktionsfrei Kirche negativ zu kommentieren und gleichzeitig aus Kirchensteuermitteln finanziert zu werden, ist nicht identitätsverstärkend.

Neben dieser »institutionellen« Kommunikation ist die personale zentrales Führungsinstrument. Die Kommunikationskultur auf allen Ebenen der Kirche muß von einer monologischen zu einer dialogischen Kultur entwickelt werden. Und dieses bedeutet, daß alle Beteiligten und jeder Beitrag ernst zu nehmen sind und soviel gelten wie die eigenen. Informationen werden dann durch Beziehungen ersetzt, formelle und informelle Ebene nicht getrennt, sondern verschmolzen.

Die Erstellung solcher themenzentrierten Leistungsangebote macht es erforderlich, daß »zuständigkeits-« und »dienstgruppenübergreifend« gearbeitet wird. Durch Projektorganisation wird nach innen die Identifikation mit Kirche als ganzer und durch Teamarbeit der Wille zur gemeinsamen Weiterentwicklung deutlich. Dies bedeutet: Projekte als gemeinsam zu erstellendes Leistungsangebot werden quer zu den üblichen Hierarchien gestaltet; nicht der hierarchische Rang, sondern der Beitrag und Einsatz entscheiden über das Ergebnis.

Für die Ausarbeitung der Leistungsangebote ist nicht nur die Zuständigkeit ausschlaggebend, sondern die Kompetenz. Wenn etwa in der badischen Landeskirche im Jahr 1998 Kinder in der Kirche (Kinderkirchenjahr) als gemeinsames Thema im Mittelpunkt der Angebote von Kirchengemeinden bis Landeskirche standen, arbeiteten in den Projektteams Mitarbeiter aus Gemeinden, Bezirken und der Kirchenleitung, vom Amt für Jugendarbeit bis zum Religionspädagogischen Institut zusammen, und natürlich viele Kinder vom Bodensee bis zum Neckar.

Dies hat auch Auswirkungen auf die Führungs- und Managementanforderungen. Spielregeln können sicherstellen, daß störungsfreies Arbeiten möglich wird. Dazu können Verabredungen getroffen werden, daß alle Voten wichtig und nörgelnde Kommentare schädlich sind, aber auch der Streit um die Sache förderlich ist. Fehler sind zulässig, und Vertraulichkeit (auch in der Kirche nur schwer umzusetzen) wird gewahrt. Anstatt Einzelkämpfer auf allen Ebenen mit umfassenden Wissensansprüchen werden Teams gebildet – jeder nach seinen Fähigkeiten und Möglichkeiten. Die Strukturen werden wegen der äußeren Umstände – je länger, desto weniger – unvernetzte Einzelkämpfer nicht mehr zulassen. Vielmehr wird Arbeitsteilung als vernetztes, gemeinsames Angebot der Leistungserstellung notwendiger denn je werden.

Die sinkenden Kirchensteuereinnahmen und die dadurch bedingten Stellenkürzungen stellen die parochiale Grundstruktur der Gemeinden in Frage; muß, zumal in der Großstadt, jede Gemeinde von der Jugend bis zur Altenarbeit alles anbieten? Müssen fast alle Gottesdienste zwischen 9 und 11 Uhr am Sonntagvormittag beginnen? Anstelle der Gemeinden als Allround-Angebotsträger bilden sich zunehmend gemeindeübergreifende Strukturen in Regionen heraus. Innerhalb einer solchen Region werden in den Gemeinden Schwerpunkte gesetzt. Eine Gemeinde konzentriert sich stellvertretend für die Region auf die Jugendarbeit, die andere auf die Arbeit mit Familien usw. Gemeinsam und parochieübergreifend werden Absprachen über die Angebote getroffen. Mitarbeiter »gehören« nicht mehr einzelnen Gemeinden, sondern werden Projekten und Aufgaben zugeordnet.

Entwicklung von »Denkzeugen«

Die Werkzeuge von gestern, mit denen solche Veränderungsprozesse begleitet und gestaltet wurden, werden »Denkzeuge« von morgen. Dazu gehören Visualisierung, Denken in Systemen, Kreativitätstechniken, die nicht nur den Namen nach bekannt, sondern beherrscht werden, Planspiele u. a. Entscheidend ist aber, daß der Anspruch, Wirklichkeit objektiv zu formulieren, verlassen wird und dialogisch die je subjektive Sichtweise von Erkenntnis zugelassen wird, um gemeinsam zu formulieren und sich zu verständigen. Hierzu müssen zielumfassende und systematische Grundlagen gelegt werden.

Die Kapazitäten für Fortbildung von den Pastoralkollegs bis zur Erwachsenenbildung sollten stärker als bisher für Mitarbeiterschulung in Kreativitätstechniken, Moderatorentraining und Konfliktsteuerung, moderne Darstellungstechniken bis zur Gestaltung von Web-Seiten im Internet eingesetzt werden. Bislang profitiert der freie Markt mit entsprechend hohen Honorarforderungen von diesem Ausbildungsbedarf, obgleich auch kirchliche Anbieter diese Kompetenz zum Teil schon besitzen, zumindest aber entwickeln könnten.

Lernkultur fördern

Für die Entwicklung gemeinsamer und verbindlicher Leitsätze mit den richtigen Werkzeugen bedarf es einer Lernkultur, in der die gleichberechtigten, hierarchieunabhängigen Partner schnell, offen und risikofreudig zu kommunizieren und zu entscheiden gelernt haben. Neben der informellen Kommunikation ist das Zulassen oder besser das bewußte Inkaufnehmen von Fehlern eine notwendige Folge. Wer entscheidet, kann Fehler machen, aber wer nicht entscheidet, hat schon Fehler gemacht. Während das Projektmanagement auf Zielerreichung ausgerichtet ist, soll das Prozeßmanagement darauf hinwirken, Lern- und Verhaltensweisen zu ändern und Experimente zuzulassen, die das Lernpotential fördern und auf vermeintlichen Irrwegen zu Veränderungsprogrammen führen, die notwendige Voraussetzung für ein zielorientiertes Projektmanagement sind. Dazu gehört auch, Ungewißheiten nicht vorschnell in Entscheidungen aufzulösen, sondern bewußt Entscheidungen offenzuhalten, bis die Lösung gefunden ist. Umwege sind beim Lernen förderlich.

Erfolg des Systems, Leistung als Indikator

Die oben beschriebenen Bedingungen einer selbstlernenden Organisation sind freilich nicht Selbstzweck, sondern Voraussetzung, sich unter Wettbewerbsbedingungen zu behaupten. Ob dies gelingt oder nicht, muß durch Leistungsbeschreibung und

-messung unter quantitativen und qualitativen Kriterien befragt und beurteilt werden.

Leistungen oder gar erfolgreiche Leistungen werden in der Kirche argwöhnisch wahrgenommen. Das Wirken des Heiligen Geistes geschieht wo und wann auch immer – durch menschliches Bemühen und entsprechende Leistung kann dies nicht beschrieben, geschweige denn gemessen werden –, so oder ähnlich lauten die hinlänglich bekannten Einwände. Mögen die Gottesdienst-Besucherzahlen sinken, die Abmeldungen vom Religionsunterricht in einer Klasse sich häufen, die Austrittszahlen in einer Gemeinde überproportional ansteigen, die Spenden drastisch zurückgehen. Merkwürdig ist es dann, wenn in der Nachbargemeinde die entgegengesetzte Tendenz festgestellt wird. Deshalb lohnt es sich, über Leistungsbeschreibung und -steigerung in qualitativer und quantitativer Hinsicht nachzudenken.

Führen durch Zielvereinbarung

Zielorientierte Mitarbeitergespräche oder Führung durch Leistungsabsprachen setzen sich durch. Dies gilt für Zentralverwaltungen wie für Gemeinden. Die für die Leistungserbringung Verantwortlichen geben den Vorgesetzten oder Leitungsorganen Rechenschaft darüber ab, was sie erreichen möchten, und zugleich, welche Anforderungen sie nicht zu leisten vermögen, wie sie die verabredeten Ziele umsetzen und welche Voraussetzung sie dafür erwarten und benötigen. Solche jährlich einmal stattfindenden Mitarbeitergespräche sind obligatorisch, wenn sie auch nicht erzwungen werden können, und die Leistungen sollten nachprüfbar, das heißt auch quantifizierbar sein. Deshalb ist es notwendig, Leistungspakete zu definieren und deren Erreichung auch abzufragen. Diese Absprachen sind keine Vorgaben, sondern partnerschaftliche Verabredungen, und die erforderlichen Ressourcen sind unumgängliche und selbstverständliche Voraussetzungen, um die nicht gebeten werden muß. Durch zentrale Dienstleistungen wie Fortbildung, Coaching und Beratung werden Leistungsprozesse begleitet und gefördert.

Mitarbeitergespräche sollen über die Zielvereinbarung, über Arbeitsergebnisse hinaus, die weitere Entwicklung der Mitarbeiter in der Gestaltung der Arbeitsprozesse und der beruflichen Situation sowie die Zusammenarbeit und Beziehungen zwischen Vorgesetzten und Mitarbeiterschaft fördern und Vertrauen aufbauen oder festigen. Mitarbeitergespräche sind auch Bestandteil der Visitationen und dienen der partizipatorischen Vorbereitung für den persönlichen Bescheid. Mitarbeitergespräche sind keine Personalbeurteilungen.

Befragungen als Basis der Weiterentwicklung

Personalentwicklung und nicht nur Personenentwicklung berücksichtigt immer das Umfeld der Tätigkeit, also die Wirkung auf diejenigen, für die kirchliche Mitarbeiter tätig sind. Um über die Einschätzung des Umfeldes und die Erwartungen Auskünfte zu erhalten, sind Mitarbeiterbefragungen für innerkirchliche Beziehungen und eine nach außen orientierte Visitation mit Umfragen unter Gemeindegliedern und Nichtmitgliedern sinnvolle Instrumente. Die Mitarbeiterbefragungen werden unter anderem zu Betriebsklima, Arbeitsplatzsituation, Informationsquantität und -qualität, über Ziele des Unternehmens, der Behörde, Verwaltung etc., zu Fortbildungsangeboten, Über- und Unterforderung am Arbeitsplatz geführt. In gewissen Abständen werden sie mit vorhergehenden Umfragen und/oder Ergebnissen anderer vergleichbarer Organisationen verglichen, um für Veränderungen Anhaltspunkte zu erhalten und daraus Handlungspläne zu entwickeln. Visitationen, die die Gemeinde als Umfeld wahr- und ernst nehmen, erheben in einem Soll-Ist-

Vergleich das Profil der Angebote, um das vorhandene Angebot abzugleichen und zu verändern; in gemeinsamen Absprachen zwischen Leitungsorgan und Visitationskommission werden entsprechende Aktivitäten besprochen und nach einem vereinbarten Zeitraum auf die Realisierung hin überprüft. Im Mittelpunkt solcher Visitationen steht nicht die Aufzählung der zurückliegenden Aktivitäten, deren Wirkungsgehalt sich ohnehin nur schwer beurteilen läßt, sondern die Frage: Was erwarten Gemeindeglieder, und wie kann dieser Erwartung Rechnung getragen werden?

Vorgesetzte in Gemeinde und Verwaltungen sind oft die Auslöser von Schwierigkeiten, weil sie von partizipatorischer Führung wenig oder nichts wissen (möchten). Durch Vorgesetztenbeurteilungen wird den Führungskräften die Notwendigkeit und Möglichkeit zu Veränderungen deutlich. Zugleich sind diese Beurteilungen ein Hinweis auf eine dialogische Führungskultur, die intakte Vertrauensbeziehungen zwischen Führungskraft und Mitarbeiterschaft belegen.

Die Art und Weise, wie Konflikte entstehen und ausgetragen werden, ist ein Hinweis auf die Führungsqualität. Nach Beobachtung des Verfassers sind Konflikte zwischen Pfarrer/Dekanen und Gemeinden nahezu ausschließlich auf einen Führungsstil zurückzuführen, der die anderen nicht ernst nimmt und die eigene Meinung unter allen Umständen durchsetzen möchte – auch wenn Gemeinden gespalten werden und die Gottesdienstbesucher auswandern. Umgekehrt sind jene Pfarrer »erfolgreich«, die eine Vielzahl ehrenamtlicher MitarbeiterInnen begleiten, ohne sie zu bevormunden (denn dann wären sie auch bald keine Mitarbeiter mehr). Vorgesetztenbeurteilungen könnten wie Spiegel wirken und Verhaltensänderungen einleiten. Auch hier muß allerdings Veränderungsbereitschaft vorausgesetzt werden.

Förderung der Qualität

Die Qualität der Leistungen kann durch Qualitätszirkel gefördert und gefordert werden. Diese von Beteiligten selbst organisierten Begleitgruppen bearbeiten von ihnen selbst ausgewählte Probleme des eigenen Arbeitsbereiches. Externe Fachleute hinzuzuziehen erweist sich als hilfreich, um der Betriebsblindheit zu begegnen. Spielregeln und Protokollierung der Ergebnisse sind unumgänglich, wenn solche Qualitätszirkel nicht belanglos werden sollen. Die Arbeitsergebnisse in Form von Verbesserungsvorschlägen werden selbst umgesetzt. Voraussetzung ist auch hier, daß Problemlösungstechniken vorhanden sind oder vorab vermittelt werden. Eine weitere Voraussetzung für effektive Qualitätszirkel ist neben der Moderatorenfähigkeit und der Vermittlung von Lösungstechniken die Einbeziehung der Umwelt, so daß aus Personenentwicklung eine ganzheitliche Personalentwicklung wird. Neben den Betriebsräten (Mitarbeitervertretung) sind die Vorgesetzten und die Führungsebene verpflichtend in die Ergebnisumsetzung und die Ressourcenbereitstellung (Arbeitszeit, externe Berater etc.) einzubeziehen.

Je nach Aufgabenbereich können auch Betroffene hinzugezogen werden, für die dieser Bereich arbeitet, weil dadurch die reine Binnensicht vermieden wird. Ein Qualitätszirkel Personalverwaltung kann beispielsweise Vertreter des Amtes für Jugendarbeit einladen, weil altersbedingt in diesem Bereich die Fluktuation groß und die Personalsuche und Neuanstellung häufig ist.

Strukturelle Voraussetzungen für Veränderungen

Herkömmliche funktionale Organisationskriterien und -schemata gehen zurück auf die 30er Jahre. Daß seitdem Veränderungen eingetreten sind und weiter eintreten werden, ist offensichtlich.

Insbesondere der Wandel von der auf Aufsicht festgelegten Behörde (bei Kirchenleitungen, Gesamtgemeindeverwaltungen etc.) zu einer auf Strategieplanung ausgerichteten Serviceeinrichtung ist in den letzten 30 Jahren langsam, aber spürbar eingeleitet worden. Welche Veränderungen in den Strukturen von Organisationen sind also erforderlich, um im Wettbewerb auf dem Markt der Sinnvermittlung bestehen zu können?

Ziele vor Aufgaben

Die Ressourcenzuordnung und -verwaltung ist überwiegend aufgabenzentriert. Sparten wie Männer- und Frauenarbeit, Erwachsenenbildung u. a. wurden in der Vergangenheit in eigenständige Werksbereiche, Vereine und ähnliche Strukturen ausgegliedert. Mit dieser Ausgliederung verbunden war die Vorstellung, daß die eigenständige Ausweisung von Aufgabenfeldern dem kirchlichen Auftrag gerecht wird, ohne die Ziele dieses Auftrages zu definieren. Die Aufgabe (zum Beispiel Frauenarbeit/Männerarbeit) ist nach dieser Vorstellung gleichzeitig Ziel der Arbeit (Arbeit mit Frauen/Männern). Eine Gesamtstrategie, aus der sich Ziele ableiten lassen, gibt es weitgehend nicht. Vor der Frage, wie eine Aufgabe bewältigt werden kann, steht die Frage, wozu und für wen ein Angebot entwickelt wird. Der Paradigmenwechsel von der Aufgaben- zur Zielbestimmung ist erforderlich, wenn plurale Angebotsstrukturen nicht in der Konkurrenz untergehen sollen, weil Identität und Zielsetzung nicht erkennbar werden.

Wer die Angebote, beispielsweise der Erwachsenenbildung, der Fort- und Weiterbildung und der Kirchengemeinden mit jenen der Volkshochschulen vergleicht, wird vom Englischkurs, über Meditationsangebote, Atem- und Yogaübungskurse bis zu Kochkursen alles finden, aber das kirchliche Proprium vermissen. Dies, obgleich alle Umfragen, insbesondere jene, die alle zehn Jahre von der EKD als Mitgliederbefragung durchgeführt werden, deutlich machen, was die Mitglieder von ihrer Kirche erwarten; diese Erwartungen sind durchaus nicht säkular, sondern auf Dienstleistungen an Hilfsbedürftigen und Begleitung an den Wendepunkten des Lebens abgestimmt.

Anstelle der aufgabenzentrierten Mittelzuordnung ist die auf Zielgruppen ausgerichtete Leistungsbestimmung erforderlich. Die Frage des »Wozu« beantwortet das »Was« und »Wie« – und nicht umgekehrt. Die Leistungsangebote bestimmen den Mitteleinsatz und nicht die Mittel die Aufgaben. Die Leistungsangebote bemessen sich nach dem Auftrag der Kirche und nach den Erwartungen und Bedürfnissen der Mitglieder; nicht jedoch folgen die Erwartungen ungefragt den Angeboten. Nur so ist es erklärbar, daß die Mehrzahl der treuen Kirchenfernen die Kirche finanzieren, ohne ihre Angebote regelmäßig in Anspruch zu nehmen. Wenn darüber hinaus das Vertrauen darin gestört wird, daß die Kirche die Erwartungen zum Zeitpunkt des zukünftigen Auftretens nicht erfüllt, bricht die Beziehung zwischen Institution und Mitgliedern auseinander.

Wenn beispielsweise nach Jahren der »Kirchenabstinenz« die Eltern zur Absprache eines Taufgespräches im Pfarramt anrufen und vom Anrufbeantworter auf Sprechstunden oder die Dienstbereitschaft der Nachbarpfarrerin, die natürlich auch den Anrufbeantworter angeschaltet hat, hingewiesen werden, kann solche auf Dauer und Zuverlässigkeit ausgerichtete Vertrauensbeziehung gestört werden. Wenn Angehörige, insbesondere in Großstädten, nur über den Beerdigungsunternehmer den Kontakt zum Pfarrer herstellen können, weil die Urlaubsvertretung nicht geregelt ist oder beachtet wird, taucht schnell die Frage auf, ob das Preis-Leistungs-Verhältnis stimmt. Größere Kirchengemeinden mit mehreren Pfarramtsbezirken können wie die bürgerlichen Gemeinden Servicebüros einrichten, in denen vom Kircheneintritt über Seelsorgegespräche bis zur Verabredung von Kasualien kirchliche Dienstleistungen aus einer Hand vermittelt werden.

Solche schlechten Beispiele sind erfreulicherweise die Ausnahme, haben aber im Einzelfall schlimme Folgen.

Stärkung der Leistungsfähigkeit durch Budgetierung und Deregulierung

Notwendige Voraussetzung, daß Mittel den Leistungen zugeordnet werden können, ist die Zusammenführung von Fach- und Ressourcenverantwortung (Budgetierung). Die Budgetierung wird ergänzt durch weitgehende Deckungsfähigkeit der Ausgabenansätze und jahrgangsübergreifende Bewirtschaftung, um zu verhindern, daß am Jahresende Mittel verausgabt werden, nur weil sie vorhanden sind, auch wenn dies nicht erforderlich ist (Dezemberfieber). Zwischen Verwaltung und Leitung gibt es dann eine klare Arbeitsteilung: Die Leitung setzt in Absprache mit den Erbringern der Leistung die Ziele fest, die Verwaltung ist für die Umsetzung im Rahmen des Budgets verantwortlich (Kontraktmanagement). Unterstützt werden die Verantwortlichen für die Leistungserstellung durch ein Berichtswesen, Controlling und Personalmanagement. Die Definition und Quantifizierung von Leistungsangeboten ermöglicht den Leistungsvergleich und damit den Wettbewerb – eine Überlebensnotwendigkeit von Organisationen.

Die für die Finanzen Verantwortlichen sind dann nicht mehr dafür zuständig, Geld zu beschaffen, das andere ohne eigene Finanzplanung ausgegeben haben und weil die Illiquidität droht, sondern konzentrieren sich auf mittel- bis längerfristige Liquiditätsplanung, die Vermögensverwaltung und die Mittelbeschaffung außerhalb herkömmlicher Finanzierungsquellen (Fundraising und Sponsoring) sowie die kurzfristige Budgetabwicklung. Die vermeintliche Dominanz des Geldes über den

Geist, das Diktat des Materiellen gegenüber dem Ideellen wird zu einem Problem der Fachbereiche und deren Planungsfähigkeit und nicht mehr der Finanzverantwortlichen. Dies gilt auch für die Bildung von Rücklagen aus Überschüssen, die zentral verwaltet, aber dezentral disponiert werden, wenn nicht vorhersehbare »Notfälle« auftreten.

Die dezentrale Zusammenführung von Mittel- und Fachverantwortung und die Zusammenführung von Sach- und Entscheidungskompentenzen vor Ort und in einer Hand gilt gleichermaßen für alle Ebenen (Kirchengemeinden, Bezirke oder Dekanate, Landeskirche). Sie ist verbunden mit der Deregulierung von Verwaltungsvorschriften und Genehmigungsvorbehalten. Wenn beispielsweise (unabhängig von der Anstellungsträgerschaft) die Entscheidung über den Einsatz eines Diakons im Kirchenbezirk und nicht in der Zentralverwaltung getroffen wird, bedeutet dies, daß auch die damit verbundenen Konflikte übernommen und ausgestanden werden müssen; eine Aussicht, die nicht immer zur Übernahme dieser Verantwortung ermuntert. Gleichzeitig und als Folge können Mittel von Zentralinstanzen auf die Aktionsebenen, von »oben« nach »unten« verlagert werden. Da dieser Vorgang vermeintlich mit Machtverlust verbunden ist, ist er mühselig umzusetzen; »vermeintlich« deshalb, weil Zentralinstanzen, die so denken, nicht verstanden haben, was ihre Aufgabe ist: über Bedingungen nachzudenken, anderen zu helfen, ihre Aufgaben besser wahrzunehmen. Zu diesen Bedingungen gehören in erster Linie strategische Planungen, die Zielsetzungen ermöglichen. Strategie ist dann kein Abfallprodukt der täglichen Arbeit, sondern die systematisch erarbeitete Steuerung durch die jeweiligen Leitungsorgane.

Über den normativen Auftrag von Kirche geben Bekenntnisse und die jeweiligen Verfassungen hinreichend Auskunft; über die Erwartungen der Mitglieder zahlreiche Umfragen. Beide zusammenzubringen wäre Ziel solcher strategischen Planungen mit der Beschreibung von Mindestanforderungen an Servicebereitschaft und -fähigkeit von den Kirchengemeinden bis zu den Kirchenleitungen. Die ekklesiologische Grunddefinition und Standortbestimmung ist als Rahmenbedingung um so dringender, je stärker kirchenaufsichtliche Regelungen entfallen und die Finanzhoheit der unterschiedlichen Ebenen durch Budgetierung gestärkt wird. Langfristige Ziele und entsprechende Mittelzuordnung ist um so dringender, je weniger selbstverständlich Kirche akzeptiert wird und je knapper die Finanzen werden.

Begleitung der Änderungsprozesse durch Controlling und Personalmanagement

Zu den zentralen Aufgaben auf Kirchenleitungsebene gehören neben der Entwicklung des Rechtswesens, der Pflege der Beziehungen zu anderen Kirchenleitungen und zum Staat Controlling (mit Berichtswesen) und Personalmanagement.

Controlling als Steuerungsinstrument

Controllig ist nicht einfach Kontrolle, sondern die Zusammenführung von Systementwicklung (Planungs-, Rechnungs- und Informationssysteme) und betriebswirtschaftlicher Steuerung, insbesondere zur Feststellung von Soll-Ist-Abweichungen, sowie das Projektmanagement. Das Controlling gibt bei der Entwicklung von quantifizierbaren Leistungsangeboten methodische Hilfestellung und ist für die Beschreibung von Leistungsangeboten in enger Zusammenarbeit mit den Fachstellen federführend. Controlling ist nicht für die strategische Planung verantwortlich, sondern für die quantitative, auf Zerlegbarkeit von Prozessen ausgerichtete Begleitung strategischer Planungen auf der operationalen Ebene.

Nur langsam setzt sich die Erkenntnis durch, daß mit der Einstellung einer Pfarrerin oder eines Pfarrers Millionenbeträge verfügt werden, die im Laufe von zirka 45 Jahren auch bereitgestellt werden müssen, wenn der Arbeitgeber Kirche verläßlich sein will. Die Personalkosten in den kirchlichen Haushalten liegen bei zirka 80 %. Wenn die Einnahmen vorhersehbar um 30 bis 40 % sinken werden, müssen jährlich zirka 2 % des Ausgabevolumens gekürzt werden, wenn die Verpflichtungen auf Dauer erfüllt werden sollen. Solche Prozesse können durch Controlling offengelegt und begleitet werden.

Ganzheitliche Personalentwicklung

Die Aufgabe des Personalmanagements ist es, organisatorische Hilfestellungen zu leisten (zum Beispiel durch Stellenbeschreibungen, Stellenbewertungen, Arbeits- und Dienstverträge) und Personalentwicklung zu konzipieren und zu begleiten. Personalentwicklung ist nicht ausschließlich die Fort- und Weiterbildung einzelner Personen, sondern die Auswahl, Förderung und Einbeziehung der Mitarbeiterschaft in die Unternehmens- und Organisationsentwicklung.

Wenn ein solches Konzept nicht nur die Vermittlung von Wissen, Techniken und Fähigkeiten verfolgt, sondern die Veränderung der Organisation durch Verhaltensänderung der für sie arbeitenden Menschen, müssen Ehrenamtliche in diese Konzeption eingebunden werden. Die Ausbildung beispielsweise von Theologen wird zusätzlich auf Sozial- und Kommunikationskompetenzen ausgerichtet sein. Ein Beispiel ist die jährlich in Freiburg veranstaltete Mitarbeiteruniversität, in der haupt- und ehrenamtliche Mitarbeiter gemeinsam und zeitlich befristet lernen. Zugleich wächst durch die Gelegenheit zu einem Meinungsaustausch das Verständnis für die jeweiligen Probleme. Personalentwicklung wird zu einem Gelenk zwischen kirchenleitendem, auf strategische Planung ausgerichtetem Wollen und örtlichen Erfordernissen.

Auswahl und Förderung durch Assessmentcenter

Die Auswahl des Nachwuchses erfolgt nach wie vor überwiegend durch Leistungsvergleiche (Examensnoten) und im persönlichen Gespräch mit häufig entsprechenden fehlerhaften Einschätzungen. Auswahlverfahren für den Führungsnachwuchs (inklusive Pfarrerinnen und Pfarrer) wie Assessmentcenter sind weitgehend unbekannt oder werden wegen des damit verbundenen Zeit- und Personalaufwandes gescheut. Vergegenwärtigt man sich, daß die Anstellung auf Lebenszeit mit Kosten in Millionenhöhe und mit Folgen für die gesamte Kirche verbunden ist, greift ein solches Bedenken zu kurz. Aufgabe des Assessmentcenter-Verfahrens zur Personalauswahl ist es, unter »Laborbedingungen« die kommunikative und soziale Kompetenz, die Reaktionsfähigkeit, das Ausdrucksvermögen und die Abstraktionsfähigkeit zu testen. Neben der fachlichen Qualifikation werden die für die Bedürfnisse der Organisation und deren strategische Planungen erforderlichen persönlichen Voraussetzungen erhoben und mit einem Persönlichkeitsprofil denjenigen zur Verfügung gestellt, die die Entscheidung über die Einstellung des Führungsnachwuchses treffen. Das Assessmentcenter schafft keine automatische Entscheidung für die Einstellung wie ein Sieb, sondern gibt eine Hilfestellung für die Einstellungsentscheidung. Die Verantwortung liegt bei denjenigen, die die Personalauswahl letztlich zu treffen und zu verantworten haben.

Ein guter Pfarrer ist ein guter Dekan, ein guter Dekan ist ein guter Oberkirchenrat – so die verkürzten Auswahlkriterien für den geistlichen Führungsnachwuchs. In der Verwaltung allerdings weiß man, daß ein guter Sachbearbeiter noch lange kein guter Abteilungsleiter sein muß und der Spezialist noch lange kein guter Vorgesetzter. Zur Rekrutierung des Führungsnachwuchses sollten deshalb – unabhängig vom aktuellen Bedarf – regelmäßig entsprechende Assessmentcenter-Verfahren stattfinden, um das Führungspotential der Mitarbeiterschaft kennenzulernen und gegebenenfalls durch entsprechende Angebote weiterzuentwickeln; ein in der Wirtschaft übliches, in der Kirche nahezu unbekanntes Verfahren. Die damit verbundene Transparenz erhöht zugleich die Akzeptanz von Personalentscheidungen und verringert die Wahrscheinlichkeit von Fehlbesetzungen.

Gestaltung durch Organisationsentwicklung

Die Personalentwicklung ist nicht ausschließlich die nachfragebedingte individuelle Wissensvermittlung, sondern die auf die strategische Ausrichtung abzielende Beteiligung der Mitarbeiterschaft an den Veränderungen in Struktur und Ablauf der Organisation. Personalförderung beinhaltet die individuelle und auf die optimale Gestaltung von Änderungsprogrammen ausgerichtete Entwicklung zur Steigerung der Leistungsfähigkeit der gesamten Organisation. Diese Förderungskonzeption wird mit »Organisationsentwicklung« bezeichnet. Sie beinhaltet weiche (auf die Person ausgerichtete) wie harte (auf die Struktur bezogene) Elemente der Personalförderung. Herkömmlicherweise sind diese Aufgaben dem Personalbereich zugeordnet. Wenn es nicht zur (matrixorganisierten) Zuordnung oder Integration mit den für die Strategieplanung zuständigen Führungskräften kommt, ist das Ziel einer aktiven Begleitung der erforderlichen Wandlungsprozesse von vornherein in Frage gestellt.

Für die Organisationsentwicklung in der Kirche bedeutet diese Forderung, daß Bischöfe, Oberkirchenräte, Kirchenleitungen und Synoden, Kirchengemeinderäte wie Bezirkssynoden stringent theologisch denken und die Veränderung der Strukturen und der äußeren Gestalt planen und aktiv begleiten müssen. Wenn sowohl theologisches Denken als auch das Wahrnehmen der geänderten Umweltbedingungen, in der die Mitglieder leben und überleben müssen, zusammengebracht werden, dann müssen sogenannte Laien theologisch und Theologen strategisch kompetent werden.

Virtuelle Unternehmen

Kirche mit den unterschiedlichen Aktions- und Entwicklungsebenen ist mit virtuellen Organisationen vergleichbar. Auf unterschiedlichen Ebenen werden Leistungen zur Umsetzung einer Strategie zur Erreichung von Zielen erbracht. Die Akteure sind netzwerkähnlich miteinander verbunden.

Die Ausbildung solcher Netzwerke durch Faxgeräte, Internet- und E-Mail-Kommunikation steht erst am Anfang. Die »Vernetzung« durch »Amtsblätter«, die eigentlich nur eine Einbahnkommunikation darstellt, reicht heute nicht mehr aus. Wieso ist es beispielsweise nicht möglich, auf einen kirchenfeindlichen Artikel in einer Sonntagszeitung kirchlichen Mitarbeitern durch Internetabruf oder Faxzusendung entsprechende Argumente am Montagmorgen zur Verfügung zu stellen, die es erleichtern, Rede und Antwort zu stehen?

Es gehört zu den wichtigsten Aufgaben der Leitung, solche Veränderungsprogramme zu initiieren und die Spezialisten nach Kräften zu unterstützen. Das Änderungsmanagement gehört zu den Leitungsaufgaben wie das Wächteramt der Kirche.

Solche Prozesse der Veränderungen werden durch das gemeinsame Vertrauen der Akteure in die Werte der Organisation getragen, die Identität von Reden und Handeln und Professionalität. Mitmenschlichkeit und Tauglichkeit jedes Einsatzes für die Erreichung des gemeinsamen Zieles werden bis zum Beweis des Gegenteils vorausgesetzt. Im Unterschied zur bisherigen Praxis muß allerdings bei erbrachtem Beweis des Gegenteils konsequenter gehandelt werden, wenn nicht die Institution insgesamt unglaubwürdig werden will.

Konflikte aufgrund erwiesener Unfähigkeit und mangelnder Kooperations- und Kommunikationsbereitschaft werden in kaum einer anderen Organisation so langsam und mit verhängnisvollen Folgen für die Gemeinden gelöst wie in der Kirche. Dabei werden die Kräfte insbesondere von Ehrenamtlichen, aber auch der Leitungsorgane über Gebühr verschlissen und Glaubwürdigkeit in Frage gestellt. Dies kann einmal an der dienstrechtlichen Unabhängigkeit der Mitarbeiterschaft liegen, aber daraus resultierend auch in einer Unempfindlichkeit begründet sein, die Beweglichkeit und situationsgerechtes Handeln auf allen Ebenen stört und der Kirche schaden kann. Eine Flexibilisierung der Anstellungsbedingungen und/oder zeitliche Befristung würden hilfreich sein, zumindest aber die Einführung von Probezeiten, wie sie das Beamtenrecht neuerdings vorsieht, aber von Kirchen nicht übernommen wurden.

Diese für Kenner kirchlicher Verhältnisse geradezu naiv klingenden Feststellungen sind für die Glaubwürdigkeit und Überlebensfähigkeit der Kirche notwendig. Wenn Kirche es nicht schafft, dann schaffen es andere für oder anstelle der Kirche.

Nachwort

Gegenstand der Überlegungen war nicht die theologische Begründung der Organisation oder gar des Wesens der Kirche. Es besteht kein Zweifel, daß Kirche unabhängig von der äußeren Gestalt als Gemeinschaft der Gläubigen Zukunft bis zum Ende aller Tage hat. Instrumente wie die oben aufgezeigten zur Organisationsentwicklung ernst zu nehmen heißt, mit den Möglichkeiten dieser Welt dem Missionsbefehl nachzukommen. Funktionsfähige kirchliche Organisation bedeutet insofern die Option für das Offenhalten und Bereitstellen der Voraussetzungen, unter denen Menschen geholfen, Glauben vermittelt und Zukunft gehofft werden kann und soll.

EVANGELISCHE KIRCHE IN DEUTSCHLAND UND IHRE BILDUNGSMITVERANTWORTUNG FÜR DIE ZUKUNFT

40 Jahre evangelische Bildungspolitik

Karl Ernst Nipkow

Vor genau 40 Jahren verabschiedete die letzte gemeinsame Synode der Evangelischen Kirche in Deutschland 1958 in Berlin-Weißensee vor den dann folgenden Jahrzehnten der getrennten kirchlichen Wege in West und Ost ein Wort zur Schulfrage, das an Leuchtkraft in der Negation wie in der Position nichts eingebüßt hat. Die Negation lautete:

»Erziehung kann nur in Freiheit und Wahrhaftigkeit geschehen. Deshalb erklärt die Synode der Evangelischen Kirche in Deutschland, daß über Schule und Lehrer keinerlei kirchliche Bevormundung ausgeübt werden darf. Die sittliche und wissenschaftliche Verantwortung der Erzieher für alle Lehrgehalte und das gesamte Schulleben duldet keine weltanschauliche Bevormundung, gleich welcher Art.« (in EKD 1987, 37)

Die Sätze richteten sich gegen den erklärtermaßen christentumsfeindlichen Staat der DDR wie gegen den christentumsfreundlichen der Bundesrepublik Deutschland, sofern auch er Gefahr lief, auf andere Weise den Sinn von Bildung und Erziehung zu verfälschen (vgl. Hammelsbeck 1959, 8). Denn:

»Die Kirche kann hier um des Menschen willen, dessen Werden und Sein ihre vornehmste Sorge ist, nur warnen, über der Sache nicht den Menschen, über der Leistung nicht die Erziehung, über der Masse des Stoffes nicht die Bildung zu vergessen.« (ebd.)

Die Position wurde in dem berühmten, seitdem vielfach zitierten Satz zusammengefaßt:

»Die Kirche ist zu einem freien Dienst an einer freien Schule bereit.« (38)

Nach dem Mauerbau 1961 brachen zwar die Kontakte keineswegs ab, aber eine gemeinsame bildungspolitische Willensbildung konnte sich in einer vergleichbaren Form nicht mehr entwickeln und äußern. Im Bund der Evangelischen Kirchen in der DDR (BEK), der sich als »Zeugnis- und Dienstgemeinschaft« verstand, rückten die »kirchliche Arbeit mit Kindern und Konfirmanden« bzw. die »kirchliche Erziehung und Unterweisung« in den Mittelpunkt, um an die Bezeichnungen zweier Kommissionen bzw. Ausschüsse in ihrer »exemplarischen Bedeutung« in jenen Jahren zu erinnern (Schwerin 1989, 21). Diese Konzentration auf den binnenkirchlichen Raum entsprach einerseits dem Lehren und Lernen in der Kirche selbst als einer »Grundaufgabe der Kirche«, die man nicht nur im ostdeutschen, sondern auch im westdeutschen kirchlichen Bewußtsein bekräftigte, hier z. B. in »Grundsätzen« zur »Erwachsenenbildung als Aufgabe der evangelischen Kirche« (EKD 1983, 7). Die Konzentration war andererseits eine unfreiwillige, erzwungene Beschränkung: Der sozialistische, atheistische Staat schloß die Kirchen von einer Mitverantwortung und Mitwirkung im staatlichen Schulsystem aus. Das Schulwort von 1958 ging hier ins Leere.

Eine kritisch-konstruktive Begleitung der offiziellen Bildungsplanung, wie sie sich in den Entschließungen der EKD auf ihrer Bildungssynode in Frankfurt/M. 1971 ausdrückte und bald darauf mit den breitgefächerten Entschließungen auf der Betheler Synode 1978 unter der kritischen Doppelfrage »Leben und erziehen – wozu?« fortsetzte (vgl. zu beidem EKD 1987, 64 ff.; 170 ff.), war dem BEK versagt.

Nach der neugewonnenen politischen Einheit sind auch die

Kirchen wieder vereint. In den zu Ende gehenden 90er Jahren, zugleich damit am Ende des Jahrhunderts, ist das Thema, wie die evangelische Kirche ihre Bildungsverantwortung wahrnehmen soll – mit den Worten der EKD-Synode 1990 in Travemünde sowohl ihre »ungeteilte« innerhalb der Kirche selbst als auch ihre mit anderen gesellschaftlichen Gruppen »geteilte« Bildungsmitverantwortung im Staat –, mehrfach umschrieben worden. 1994 richtete die EKD-Synode in Halle (Saale) ihren Blick auf die »Kinder in Gemeinde und Gesellschaft«, herausgefordert durch das »Aufwachsen in schwieriger Zeit« (EKD 1995). Im selben Jahr verabschiedete der Rat der EKD zum ersten Mal in seiner Geschichte überhaupt eine umfangreiche Stellungnahme zum Religionsunterricht mit dem Gewicht einer »Denkschrift« (EKD 1994). Kurz, aber prägnant stand der Religionsunterricht erneut auch 1997 auf der EKD-Synode in Friedrichsroda im Mittelpunkt (EKD 1997 a). Im selben Jahr verabschiedete der Rat der EKD eine Stellungnahme der Kammer für Bildung und Erziehung zur evangelischen Erwachsenenbildung (EKD 1997 b), ferner 1998 eine Orientierungshilfe zur Konfirmandenarbeit (EKD 1998). Zum selben Zeitpunkt ist im Frühjahr dieses Jahres vom Rat der EKD zusammen mit der deutschen Bischofskonferenz – wiederum ein Novum – eine Stellungnahme zur konfessionellen Kooperation im Religionsunterricht veröffentlicht worden (Sekretariat der Deutschen Bischofskonferenz/Kirchenamt der EKD 1998). Auf die Vielzahl der allein in der ersten Hälfte der 90er Jahre verabschiedeten besonderen bildungspolitischen Beschlüsse und pädagogischen Orientierungshilfen in den evangelischen (Landes-)Kirchen in Ostdeutschland kann nur mit diesem einen Satz verwiesen werden (vgl. ausführlich Degen/Doyé 1995).

Was spiegelt sich in der dichten Folge kirchenoffizieller Verlautbarungen dieses jüngsten Zeitraums? Wenn etwas gemächlich und sicher – wie selbstverständlich – seinen Weg geht, bedarf es nur gelegentlicher Erinnerung. Wenn etwas in Frage steht, braucht man eine gründliche, selbstkritische Prüfung. Je näher das Jahr 2000 heranrückt, desto intensiver ist die evangelische Kirche in diesen unmittelbar vorausgehenden Jahren zu einer exzeptionellen theologischen und pädagogischen Selbstbesinnung aufgerufen.

Evangelische Bildungsmitverantwortung 2000 – vier Fragen und vier Antworten

Dürfen (1.), sollen noch (2.), wollen (3.) und können (4.) die Kirchen in Zukunft öffentliche Bildungsmitverantwortung wahrnehmen – das innerkirchliche pädagogische Handlungsfeld steht gesellschaftspolitisch nicht zur Debatte. Da läßt man die Kirchen schalten und walten, wie sie es möchten; und auch in diesem kurzen Artikel sei es erlaubt, das sog. gemeindepädagogische Feld unerörtert zu lassen (zu der z. T. kontroversen Diskussion über die Gewichtung »unter ostdeutschen Bedingungen« vgl. Nipkow 1995 und die Kommentare hierzu in Degen/Doyé 1995; zur Problemgeschichte umfassend Foitzik 1992).

1. Dürfen die Kirchen in der Bundesrepublik Bildungsmitverantwortung wahrnehmen?

Dies ist eine verfassungsrechtliche Frage, und nach der kontinuierlichen höchstrichterlichen Rechtsprechung, die an dem folgenden zentralen Sachverhalt auch durch den Kruzifix-Beschluß des Bundesverfassungsgerichts von 1995 nicht gerüttelt hat (Heckel 1996, 459), kann die Frage verfassungsrechtlich eindeutig bejaht werden. Wie sich am Tatbestand eines formellen und materiellen pädagogischen »Trägerpluralismus« zeigt (Häberle 1981, 48), ist die öffentliche Mitwirkung von Religionsgemeinschaften Ausdruck des freiheitlichen und pluralen Selbstverständnisses der Bundesrepublik. In ihr fallen Staat und Gesellschaft nicht wie in Diktaturen mit einer dominierenden Staatspartei und gleichgeschalteten gesellschaftlichen Gruppen zusammen. Die weltanschaulich-religiöse Pluralität der Gesellschaft darf sich in freiheitlichen Demokratien plural abbilden.

Bislang wird in diesem Sinne die Religionsfreiheit nach Art. 4 GG in unauflösbarer Einheit als negative Abgrenzungs- und positive Entfaltungsfreiheit ausgelegt. Der weltanschaulich-religiös neutrale Staat schützt einerseits die Bürger (im Bildungssystem die Kinder und Jugendlichen) vor staatlichen Übergriffen im religiösen Bereich, indem gegen eine Beeinträchtigung des Gewissens ein individuelles Abwehrrecht geltend gemacht werden darf. Dementsprechend sind die Bestimmungen zum Religionsunterricht mit Bedacht im Grundrechtsteil zu finden und stellen keine systemwidrige Abweichung vom freiheitlichen Charakter unserer Grundrechte dar, sie sind vielmehr gerade ihr Ausdruck.

Die Bestimmungen regeln den Religionsunterricht freiheitlich. Er ist zwar für die Schule ein obligatorischer Bestandteil, steht aber für die Eltern, Kinder und Jugendlichen unter dem Freiheitsvorbehalt der Abmeldemöglichkeit bzw. der freiwilligen Anmeldung.

Derselbe Staat, der die religiöse Freiheit schützt, eröffnet ihr zugleich einen »Raum« – so der bezeichnende, wiederkehrende Terminus der Karlsruher Rechtsprechung (vgl. etwa BVerfGE 41, 29 (49)) –, damit die Religionsgemeinschaften gemäß ihren »Grundsätzen« (Art. 7, 3 GG) mitwirken können und die Heranwachsenden in der Schule die Gelegenheit erhalten, sich religiös zu orientieren. Hierbei gilt das Gleichheitsgebot nach Art. 3 GG. Schon in der Weimarer Reichsverfassung ist nicht von »Kirchen«, sondern von »Religionsgesellschaften«, im Grundgesetz dann von »Religionsgemeinschaften« die Rede. Was der christliche Religionsunterricht in Anspruch nehmen darf, steht grundsätzlich auch einem jüdischen oder islamischen Religionsunterricht zu.

2. Sollen die Kirchen noch im Bildungssystem mitwirken?

Die SPD-geführte Regierung des Bundeslandes Brandenburg hat in einem aufsehenerregenden Schritt eine gleichberechtigte Mitwirkung an den staatlichen Schulen in Gestalt des vom Grundgesetz vorgesehenen Religionsunterrichts verneint. Hierfür sind verschiedene Gründe angeführt worden, die aber allesamt verschleiern, daß es bei unserer zweiten Frage darum geht, ob die authentische Stimme der Kirchen im öffentlichen Bildungsdiskurs gesellschaftspolitisch überhaupt noch gewollt wird.

Das erste Argument, das auch westdeutsche Pädagogen nachsprechen (generell G. Otto und J. Lott), bedient sich einer falschen Information, dem dann auch ungeprüft andere folgen (zuletzt von Hentig 1997). Es wird behauptet, es ermangele dem Religionsunterricht nach dem Grundgesetz einer Klientel (von Hentig »Ressourcen«, 727): »Nur noch jedes fünfte Kind in Brandenburg hat noch unmittelbar mit Kirche und Religion Kontakt. Deshalb bin ich Überzeugungstäter zugunsten dieses Unterrichtsmodells« (gemeint ist das neue Pflichtfach »Lebensgestaltung-Ethik-Religionskunde«) (Stolpe 1995, 7). Tatsache ist, daß der evangelische Religionsunterricht, für den ich vor allem spreche, aber auch der katholische Religionsunterricht, wo er in der insgesamt noch in einer Aufbauphase befindlichen Lage in den ostdeutschen Bundesländern eingerichtet werden konnte, im Freistaat Sachsen zur Hälfte (Hanisch/Pollack 1997), in Berlin (Ost) und Brandenburg (hier als »kirchlicher Religionsunterricht«) zu 60 Prozent und mehr von konfessionslosen Schülerinnen und Schülern besucht wird. Aus Sachsen-Anhalt berichtet Martina Ifland im Frühjahr 1998 am Thomasius-Gymnasium in Halle:

»Seit 1991 haben 236 Schüler den katholischen Religionsunterricht bei mir besucht ... 57 x habe ich im Fach katholische Religion die mündliche Abiturprüfung abgenommen ... Von den 236 Schülern waren meines Wissens etwa 20 evangelisch und etwa 8 katholisch.« (Ifland 1998, 14) – alle anderen waren konfessionslos.

Was den Religionsunterricht beliebt macht, sind die Tatsachen, daß »in ihm Geschichten erzählt werden (gilt für die jüngeren Kinder, Vf.), über Gott gesprochen wird (was in einem lebenskundlich-ethischen Unterricht so nicht geschieht, Vf.) und die Möglichkeit zum Gespräch gegeben ist.« (Hanisch/Pollack 1997, 106)

Der christliche Religionsunterricht hat seine eigene Kraft; es fehlt ihm nicht an Zuspruch, und die evangelische Kirche hat außerdem mehrfach verbindlich erklärt, daß der evangelische Religionsunterricht »die Zugehörigkeit der Schülerinnen und Schüler zur evangelischen Kirche nicht zur Teilnahmebedingung« macht (zuletzt EKD 1997, Punkt 4). Im Bundesland Brandenburg selbst existiert der evangelische Religionsunterricht als kirchlicher Religionsunterricht an ca. 250 Schulen (wenn auch eben nicht als ordentliches Lehrfach), und zwar mit zunehmendem Zuspruch. Das immer wieder verbreitete Argument seiner fehlenden Lebensfähigkeit steht unter dem Verdacht, gezielt zu desinformieren. Man will ihn nicht als gleichberechtigten Partner.

Das zweite Argument ist mit dem ersten aufs engste verbunden. Gegen Ende der Ära der DDR strebten mit vollem Recht ostdeutsche Pädagogen danach, unter ihnen kirchliche Katechetiker und Katechetikerinnen (führend die Katechetin und spätere brandenburgische Bildungsministerin Marianne Birthler), auch an den Schulen des sozialistischen Staates wenigstens eine lebenskundlich-religionskundliche Grundorientierung zu ermöglichen, weil sonst eine ganzheitliche menschliche Förderung der Kinder und Jugendlichen unvollständig bleibe. Was ganzheitliches Lernen meint, hatte die ostdeutsche evangelische Katechetik für den innerkirchlichen Raum entwickelt. Einige der Grundprinzipien waren im Austausch mit der westdeutschen evangelischen Religionspädagogik erörtert und erprobt worden.

Man erlaube einen persönlichen Querverweis: 1982 erschien der 3. Band meiner »Grundfragen der Religionspädagogik« unter dem Titel »Gemeinsam leben und glauben lernen«. Das »Grundsatzpapier« des Ministeriums für Bildung, Jugend und Sport in Potsdam vom 15. Oktober 1991 trug die Überschrift »Gemeinsam leben lernen«.

Die didaktischen Grundgedanken eines lebens- und erfahrungsnahen, thematisch-problemorientierten Religionsunterrichts, der es ermöglicht, sich über die Grundelemente des Christentums und anderer Religionen zu informieren, kehren in der Initiative zur Etablierung des Lernbereichs und Unterrichtsfaches Lebensgestaltung-Ethik-Religionskunde (LER) wieder. Trotz dieses mit Händen zu greifenden, historisch belegbaren Zusammenhangs wird als zweites Argument unterstellt, eine solche wünschbare ethische und religionskundliche Information könne nur in dem neuen Fach geleistet werden. Dies ist ebenso falsch und wird auch inzwischen durch die Tatsache widerlegt, daß konfessionslose Schülerinnen und Schüler jene Orientierung im konfessionellen Religionsunterricht suchen und finden (allerdings suchen sie dort auch noch mehr, nämlich das, was ihnen sonst nicht geboten wird, vor allem anderen das intensive Gespräch über die Gottesfrage). Wiederum verdeckt die schwache Argumentation, daß man die Anwesenheit der Kirchen in Gestalt evangelischer und katholischer Religionslehrkräfte nicht will: gemeinsam leben lernen – ja, aber nicht so, daß hierbei ein

Bildungsdiskurs über den christlichen Glauben aus erster Hand geführt werden darf, eine halbierte Ganzheitlichkeit.

Auch das dritte Argument ist falsch, weil es eine falsche Alternative aufbaut, die auf jeden Fall eigentlich den westdeutschen Anwälten von LER (G. Otto, J. Lott) bewußt sein sollte. Es ist auf den Kolloquien und Anhörungen im Jahre 1995 immer wieder von der Regierungsseite erklärt worden, der evangelische Religionsunterricht verfolge eine »Glaubenserziehung«, und mit dieser Zielsetzung passe ein solches Fach nicht in die Schule. LER und Religionsunterricht wurden so einander gegenübergestellt, als diene nur das erste Fach der allgemeinen schulischen »Bildung«. Ironischerweise hat gerade Gert Otto wesentlich mit dazu beigetragen, daß bereits seit Anfang der 60er Jahre der evangelische Religionsunterricht nicht mehr nur theologisch, sondern mit gleichem Gewicht pädagogisch, d. h. bildungstheoretisch begründet geworden ist. Am Ende dieser Entwicklung steht die Denkschrift der EKD von 1994, der H. Noormann, der urteilskompetent ist und auf keinen Fall einer einseitigen Parteinahme für den kirchlichen Standpunkt verdächtigt werden kann, zugesteht: »Religionsunterricht und Ethik erfahren eine in wohl keinem kirchenoffiziellen Dokument bisher so konsequent entfaltete *bildungstheoretische* Begründung.« (1995, 232). Es ist eine unverständliche Täuschung, dem Religionsunterricht seine bildende Kraft abzusprechen. Auf diesen Gedanken ist denn auch bisher in der ganzen westdeutschen religionspädagogischen Diskussion der letzten Jahrzehnte niemand gekommen. Geflissentlich wird in diesem Kontext übersehen, daß sich schon 1971, erneut 1994, die EKD (nicht nur einzelne evangelische Religionspädagogen) gegen einen Religionsunterricht mit einem auf Mitgliederrekrutierung abhebenden kirchlichen Sozialisationsauftrag ausgesprochen hat: »Der Religionsunterricht ist kein Instrument kirchlicher Bestandssicherung.« (EKD 1994, 11)

Ein vierter Vorwurf, die Kirche sei gegen ein Unterrichtsfach

LER, ist nur halbwahr und erzeugt nochmals eine falsche Alternative. Tatsache ist, daß sich die Evangelischen Kirche in Deutschland in ihrer Denkschrift ausführlich einem Ethikunterricht zuwendet (EKD 1994, 73–80), die Bedeutung eines solchen Unterrichts nachhaltig würdigt und ethische Bildung lediglich als Unterrichtsprinzip für unzureichend hält: »Daher ist ein eigenständiger Ethikunterricht in Form eines ordentlichen Lehrfachs, das seinen positiven Sinn in sich hat, bildungstheoretisch gerechtfertigt und notwendig.« (77) Ja, es »können und sollten sich Religionsunterricht und Ethikunterricht als *Dialogpartner* verstehen« (78).

Es existiert in der Tat ein kirchlicher Vorbehalt; aber er betrifft einen ganz anderen Umstand, nämlich den, daß ein Ethikunterricht (wie immer er benannt sein mag, in einem westdeutschen Bundesland wie Niedersachsen »Werte und Normen«, in Brandenburg »Lebensgestaltung-Ethik-Religionskunde«) den Schülerinnen und Schülern allein angeboten und der Religionsunterricht als gleichberechtigter Partner schlicht aus der Schule verdrängt wird.

Alle bisher genannten Gründe sind nicht stichhaltig und verbrämen, daß man die Kirche nicht mehr in der Schule haben will. Dieser politischen Ablehnung soll auch der Schein verfassungsrechtlicher Legalität verliehen werden. Eine Verfassungsbestimmung, nämlich die sog. Bremer Klausel (Art. 141 GG), die einer alten besonderen Tradition im Stadtstaat Bremen Rechnung tragen wollte, soll nun gegensinnig der Verabschiedung des Christentums dienen. Eine Bestimmung über einen »bekenntnismäßig nicht gebundenen Unterricht in *Biblischer* Geschichte, auf allgemein *christlicher Grundlage*« wird herangezogen, um das Christentum aus der Schule auszubooten, denn: LER mag alles Mögliche sein, ein Unterricht auf »christlicher Grundlage« ist es erklärtermaßen nicht.

Ist die Haltung der brandenburgischen SPD und der sie in der Frage unterstützenden Parteien von Bündnis 90/Die Grünen und der PDS eine Ausnahme? Dies ist nicht der Fall. Stimmen zu einer verfassungspolitisch gravierenden Revision des Verhältnisses von Staat und Kirche, die dann bildungspolitisch neben den Religionsunterricht auch theologische Fakultäten an staatlichen Universitäten und vieles mehr treffen würde, werden auch vom Bundesvorstand der Partei Bündnis 90/Die Grünen, von Teilen der F.D.P. und von Gruppen und einzelnen in der SPD vertreten. Außerdem finden sich unter den wissenschaftlichen Pädagogen starke Vorbehalte. Denkschriften zur Schule der Zukunft (Bildungskommission NRW 1995) problematisieren den herkömmlichen Religionsunterricht oder lehnen ihn wie im Falle der jüngsten Empfehlungen zur Grundschule (Faust-Siehl u. a. 1996) ab.

3. Wollen die Kirchen selbst noch Bildungsverantwortung in der Schule übernehmen?

Dies ist bei den westdeutschen Landeskirchen eindeutig der Fall, bei den ostdeutschen auf amtlicher Ebene inzwischen ebenso, aber nicht einhellig in der Pfarrer- und Theologenschaft. Es fällt nicht wenigen schwer, den Religionsunterricht unumwunden als einen Dienst zu bejahen, der zum »Weg der Kirche« hinzugehört:

Verlangt die »zerbröselnde Volkskirche« nicht eigentlich etwas anderes, als »daß sie der Gesellschaft bei der Reproduktion der Werte von Generation zu Generation hilft«? »Dem dient zum Beispiel der für alle gedachte und angebotene Religionsunterricht.« Verlangt sie nicht »intensive Bemühungen darum, daß die verbliebenen Einzelchristen zu Gemeinden werden ...? Was ist also vorrangig für uns in dieser Zeit, die Gemeinden sammeln und bauen oder sich ganz den Anfragen stellen, sich weit öffnen und der Gesellschaft dienen?« (M. Sens) Hierzu stellt aus ebenfalls ostdeutscher Sicht G.

Doyé fest »Die nach wie vor weithin gestörten bzw. fehlenden Beziehungen von Kirchengemeinden und Schulen sind zwar eine erklärliche, aber auf Dauer auch hinderliche Hypothek aus DDR-Zeit« (zit. n. Nipkow 1998, 2, 189).

Sehr gut verständlich ist die kirchliche Enttäuschung darüber, daß eine Kirche, die maßgeblich zu der »stillen Revolution« von 1989 beigetragen hat, in den Jahren darauf als eine Größe angesehen wurde, von der eine neue Indoktrination zu befürchten sei. Ebenso darf man sich nicht wundern, wenn man nicht gern in einer Schule mitarbeiten möchte, in der die jahrzehntelange antikirchliche Beeinflussung und entsprechende Ausbildung der Lehrerschaft nachwirkt. Alles andere als marginal ist ferner die gewichtige Frage nach den kirchlichen Prioritäten für den Weg besonders der ostdeutschen Kirchen in der Zukunft, an den Matthias Sens und mit ihm viele andere Theologen denken. In diesem Sinne gibt es gute Gründe, über andere Gewichtungen in der kirchlichen Arbeit nachzudenken. Der vollständige Verzicht auf eine evangelische Bildungsmitverantwortung im öffentlichen Bildungssystem würde jedoch schlicht einen Bruch mit den theologischen Grundüberzeugungen der Reformation bedeuten. Gerade jetzt muß sich die evangelische Kirche »weit öffnen und der Gesellschaft dienen«, und das Ringen um die »Werte« in unserer Publik in den Schulen gehört dazu – es gehört auch die christliche Stimme authentisch dazu. Die Absage an ein Verständnis von Kirche als »öffentliche Kirche« (Wolfgang Huber) rührt an den grundsätzlichen Auftrag der Kirche im Blick auf das Verständnis des Evangeliums.

Gerade an dieser Stelle existiert allerdings ein innertheologischer Dissens, der tiefer reicht und in komplizierterer Weise auf die Zeit der Bekennenden Kirche und des Kirchenkampfes zurückgeht, als hier dargestellt werden kann (ausführlich Nipkow 1998, Bd. 2, Kap. 2). Er läßt den brandenburgischen Wissenschaftsminister, Theologen und Vorsitzenden der Landes-SPD

Steffen Reiche bekunden, daß er, wohlgemerkt aus theologischer Sicht, »einer strikten Trennung von Staat und Kirche, und zwar einer sehr viel konsequenteren, als wir sie haben, zuneige«, und dies halte er »letztlich auch für eher mit dem Evangelium zu vereinbaren« (Podiumsvotum in Gestrich 1996, 147).

Bei solchen Einstellungen bilden sich eigentümliche Allianzen zwischen kirchenfeindlichen, laizistisch denkenden Politikern und hochtheologisch motivierten Theologen als Verfechter einer möglichst reinen Verkündigung des Evangeliums, die nur dadurch gesichert werden könne, daß man in einer Äquidistanz zu jedem Staat handele, gleichgültig, so scheint es, ob es sich um die Hitlerdiktatur, den Staat der DDR oder um eine freiheitliche Demokratie wie die Bundesrepublik handelt.

Man kann es nur auf die langjährige Entfremdung von einer genaueren Kenntnis des Status des Religionsunterrichts in der Bundesrepublik zurückführen, wenn übersehen wird, daß nicht der bundesrepublikanische Staat definiert, was im Religionsunterricht christlich, des näheren katholisch oder evangelisch ist. Dieses Fach ist kraft unserer Verfassung in seinen Zielen und Inhalten vom Staat frei und unabhängig, abgesehen vom Rahmen, den die Verfassungsethik repräsentiert und den jedes Unterrichtsfach zu beachten und zu würdigen hat. Dies ist gerade die Pointe von Art. 7 GG, daß nach Abs. 3 die »Grundsätze« der Religionsgemeinschaften die normative Grundlage bilden. Wenn ostdeutsche Theologen wie Reiche und andere befürchten, dem Evangelium könnte seine kritische Spitze abgebrochen werden, verkennen sie den »Raum«, der der Kirche rechtmäßig erlaubt, den Religionsunterricht, sofern dies aus seinen »Grundsätzen« folgt, selbstverständlich auch von Fall zu Fall gesellschafts- und ideologiekritisch zuzuspitzen. Er muß und sollte sich nicht wechselnden politischen Bedürfnissen anpassen.

Im Gegenteil wäre nun zu fragen, was es in sich schließt, wenn für eine Behandlung des Christentums und anderer Religionen in dem religionskundlichen Anteil von »Lebensgestaltung-Ethik-Religionskunde« nur die politische Instanz, die Landesregierung und die sie stützende Partei letztlich das Sagen haben. Es sei daran erinnert, daß das eingangs zitierte Schulwort der EKD von 1958 genau diese Freiheit meint, die den Religionsunterricht trägt. Sie darf von den Kirchen beansprucht werden; sie darf von ihnen in die Schule eingetragen werden; sie sollte – dafür ist die Kirche mit ihrer Theologen- und Religionspädagogenschaft verantwortlich! – den Geist des Evangeliums als einen die Menschen frei machenden Geist atmen. Hierfür zu sorgen ist die kirchliche Aufgabe, wie immer der Staat zum Christentum eingestellt sein mag.

Für West- wie Ostdeutschland zusammengenommen hängt die gesellschaftliche Akzeptanz der Kirchen von ihrer überzeugenden öffentlichen Relevanz ab. Gemeint ist nicht, daß die Kirchen zahlenmäßig stark bleiben müssen – ihre Mitgliederzahlen nehmen ab –, sondern daß sie unabhängig davon begründet etwas zu sagen und auszusprechen wagen, ob es einem gefällt oder nicht. Im Zwielicht einer ihr eigenes Selbstbewußtsein verlierenden, mutlosen Kirche wäre auch der Religionsunterricht nur noch der Schatten seiner selbst (vgl. ausführlicher Nipkow 1998, Bd. 2, Kap. 5, 3.).

4. Können die Kirchen ihre Bildungsmitverantwortung in der Zukunft überzeugend wahrnehmen?

Der Religionsunterricht hat Zukunft, wenn er seine Identität nicht preisgibt und der Pluralität standhält. Das Schlüsselwort für diese Spannung ist Kooperation, nicht diffuse Verschmelzung. Kooperation ist nicht billig zu haben; sie verlangt neue Kompetenzen und innere Freiheit.

Wer für ein Einheitspflichtfach für alle Schülerinnen und Schüler im Felde von Ethik und Religion angesichts des weltanschaulich-religiösen Pluralismus mit dem Ziel einer Erziehung zur Verständigung und Toleranz eintritt, hätte hier sein stärkstes Argument, falls sich die beiden großen Kirchen in der Schule weder untereinander, d. h. im Verhältnis von evangelischem und katholischem Religionsunterricht, noch gegenüber anderen Unterrichtsfächern, insbesondere dem Ethikunterricht, als gesprächsbereit und -fähig erweisen sollten. Die Schule ist in Bewegung; die Schulentwicklung zielt auf fächerübergreifende Zusammenarbeit. Eine Lehrplanung in »Lernbereichen« breitet sich aus (vgl. Bildungskommission NRW 1995; Faust-Siehl u. a. 1996). Man darf schulpädagogisch mit Recht erwarten, daß sich der Religionsunterricht als anschlußfähig erweist, weil in einem Lernbereich »Religion, Ethik, Philosophie«, wie es die Grundschulempfehlungen formulieren, »religiöse, ethische und philosophische Fragen und Inhalte in der Schule nicht mehr aus der Sicht einer einzelnen Religionsgemeinschaft, sondern im Hinblick auf die multikulturelle und multireligiöse Vielfalt unserer Gesellschaft darzustellen und – soweit möglich – zu beantworten« sind (Faust-Siehl 103 f.).

Die große Zukunftsaufgabe liegt bei der Verwirklichung einer Moralpädagogik und Religionspädagogik im Pluralismus. Institutionell stehen sich hierbei nicht die zwei Modelle gegenüber, die die Vertreter von LER als eine weitere, letzte Alternative einseitig in den Raum stellen: das interkulturell und interreligiös kompetente Fach LER auf der einen Seite, der konfessionell bornierte, gesprächsunfähige RU auf der anderen Seite. Wie die Evangelische Kirche in Deutschland (1994) denkt auch die Evangelische Kirche in Berlin-Brandenburg für das Bundesland Brandenburg einschließlich Berlin an einen neuen dritten Weg, den eines »Lernbereichs« als einer untereinander kooperierenden »Fächergruppe«. Dies kann mittels zweier Kooperationsformen geschehen, wie sie von seiten des Ethikunterrichts Barbara Brüning (1998, 26) für Sachsen-Anhalt und darüber hinaus für die anderen Bundesländer vorgeschlagen hat:

»a) *ein Wahlpflichtfachmodell zwischen Ethik/Philosophie und Religion,* wobei beide Fächer eigenständig und gleichberechtigt nebeneinander existieren und *regelmäßig* gemeinsame Projekte durchführen sollten;
b) das Modell eines *alternierenden Unterrichts in beiden Fächern,* gegliedert nach verschiedenen Jahrgangsstufen«.

Die evangelische Kirche ist zu einer systematischen Zusammenarbeit bereit. Für die jeweilige Eigenständigkeit der beteiligten Fächer sprechen bezugswissenschaftliche und bildungstheoretische Gründe; für ein Zusammenspiel von differenzierendem und integrierendem Unterricht lassen sich ebenso gewichtige bildungstheoretische Gründe anführen. Ethik und Religion sind zwei fundamentale, eigenständige Größen in der menschlichen Kultur, die sich nicht wechselseitig ersetzen können und doch vielfältig miteinander verschränkt sind. Dies ist ein noch weiteres Feld als die anderen Themen, die oben nur angedeutet werden konnten (vgl. Nipkow 1998 und hier das Gesamtverhältnis von Bd. 1 und Bd. 2, insb. Bd. 2, Kap. 12).

Das andere mögliche Paradigma wäre ein »multireligiöser Religionsunterricht« als einziges Angebot, um in ihm bei einer multireligiösen Zusammensetzung der Lerngruppe in mehrere Religionen gleichzeitig einzuführen. Das große und bedeutende Experiment in England ist jedoch nicht ohne weiteres mit den deutschen Schultraditionen vermittelbar. Vor allem aber haben sich im Laufe der Jahre immer größere Schwächen herausgestellt. Ein Religionsunterricht dieser Art muß auf einer Ebene stattfinden, die keiner Religionsgruppe gewissensmäßig zu nahe tritt, was eine durchgehende theologische Neutralisierung des Unterrichtsgesprächs zur Folge hat: Judentum, Christentum, Islam etc. finden sich nicht mehr unverkürzt und authentisch wieder. Das bildende Ringen um die Wahrheitsfrage wird bewußt eingeklammert (zur Beschreibung und kritischen Würdigung Nipkow 1998, Bd.2, Kap. 11).

Der dritte Weg will Vertiefung und Öffnung verbinden. Er respektiert das theologische Selbstverständnis und Selbstdarstellungsrecht der Kirchen ebenso wie das des Judentums, des Islam und anderer Religionen einschließlich der Eigenständigkeit philosophischer Ethik als Basis des Ethikunterrichts. In Ostdeutschland zeichnet sich ab, daß das Kooperationsmodell gelingen kann (siehe die Praxisberichte aus Sachsen-Anhalt in der Zs. Aufbrüche, H. 1, 1998). Von größtem pädagogischem Wert wäre es, wenn in diesem Kontext in der Zukunft auch der evangelische und katholische Religionsunterricht dicht zusammenarbeiten würden. Die im März 1998 von der Deutschen Bischofskonferenz und dem Rat der EKD veröffentlichte Stellungnahme zur konfessionellen Kooperation ist als Aufforderung hierzu zu lesen, besonders an die Adresse bestimmter zögernder Diözesen. Die Zusammenarbeit muß im Hause des Christentums selbst beginnen.

Literatur

Bildungskommission NRW (1995): Zukunft der Bildung – Schule der Zukunft. Denkschrift der Kommission »Zukunft der Bildung – Schule der Zukunft« beim Ministerpräsidenten den Landes Nordrhein-Westfalen, Neuwied.

Brüning, Barbara (1998): Didaktische Ansätze des Ethikunterrichts und Möglichkeiten zur Kooperation im Wahlpflichtbereich. In: Aufbrüche Zs. des Päd.-Theol. Instituts der Kirchenprovinz Sachsen, H. 1, 24–26.

Degen, Roland/Doyé, Götz (Hg.) (1995): Bildungsverantwortung der Evangelischen Kirchen in Ostdeutschland. Grundsatztexte – Entwicklungen – Kommentare, Comenius-Institut, Berlin.

Evangelische Kirche in Deutschland (EKD) (1983): Erwachsenenbildung als Aufgabe der evangelischen Kirche – Grundsätze, Gütersloh.

Evangelische Kirche in Deutschland (EKD) (1987): Bildung und Erziehung. (Die Denkschriften der EKD, Bd. 4/1), Gütersloh.

Evangelische Kirche in Deutschland (EKD) (1994): Identität und Verständigung. Standort und Perspektiven des Religionsunterrichts in der Pluralität. Eine Denkschrift, Gütersloh.

Evangelische Kirche in Deutschland (EKD) (1995): Aufwachsen in schwieriger Zeit. Kinder in Gemeinde und Gesellschaft, Gütersloh.

Evangelische Kirche in Deutschland (EKD) (1997 a): Religiöse Bildung in der Schule, Hannover.

Evangelische Kirche in Deutschland (EKD) (1997 b): Orientierung in zunehmender Orientierungslosigkeit. Evangelische Erwachsenenbildung in kirchlicher Trägerschaft. Eine Stellungnahme der Kammer der EKD für Bildung und Erziehung, Gütersloh.

Evangelische Kirche in Deutschland (EKD) (1998): Glauben entdecken. Konfirmandenarbeit und Konfirmation im Wandel. Eine Orientierungshilfe des Rates der EKD, Gütersloh.

Faust-Siehl, Gabriele u. a. (1996): Die Zukunft beginnt in der Grundschule. Empfehlungen zur Neugestaltung der Primarstufe. Ein Projekt des Grundschulverbandes Arbeitskreis Grundschule, Reinbek.

Foitzik, Karl (1992): Gemeindepädagogik. Problemgeschichte eines umstrittenen Begriffs, Gütersloh.

Gestrich, Christof (Hg.) (1996): Ethik ohne Religion? Mit Beiträgen von O. Höffe u. a., Beiheft 1996 zur BThZ, Berlin.

Häberle, Peter (1981): Erziehungsziele und Orientierungswerte im Verfassungsstaat, Freiburg/München.

Hammelsbeck, Oskar (1959): Die Kirche ist zu einem freien Dienst an einer freien Schule bereit. In: Neue Deutsche Schule, 14/15, 1–16 (Sonderbeilage).

Hanisch, Helmut/Pollack, Detlef (1997): Religion – ein neues Schulfach. Eine empirische Untersuchung des religiösen Umfelds und zur Akzeptanz des Religionsunterrichts aus der Sicht der Schülerinnen und Schüler in den neuen Bundesländern, Stuttgart/Leipzig.

Heckel, Martin (1996): Das Kreuz im öffentlichen Raum. Zum »Kruzifix-Beschluß« des Bundesverfassungsgerichts. In: Deutsches Verwaltungsblatt, 111. Jg., H. 9, 453–482.

Hentig, Hartmut von (1997): Pflichtfach Philosophie. Kompromißvorschlag im Streit um den obligatorischen Religionsunterricht. In: EvKomm., H. 12, 726–728.

Ifland, Martina (1998): Religions- und Ethikunterricht – Pädagogische Gestaltungen eines neuen Wahlpflichtbereiches. In: Aufbrüche, H. 1, 13 f.

Nipkow, Karl Ernst (1995): Kirchliche Bildungsverantwortung in Gemeinde, Schule und Gesellschaft unter ostdeutschen Bedingungen. In: R. Degen/G. Doyé 1995, 131–160.

Nipkow, Karl Ernst (1998): Bildung in einer pluralen Welt. Bd. 1: Moralpädagogik im Pluralismus, Bd. 2: Religionspädagogik im Pluralismus, Gütersloh.

Noormann, Harry (1995): Religionspädagogik 1994. Ein Situations- und Literaturbericht. In: Jahrbuch der Religionspädagogik, Bd. 11: 1994, Neukirchen-Vluyn, 213–246.

Schwerin, Eckart (1989): Evangelische Kinder- und Konfirmandenarbeit. Eine problemgeschichtliche Untersuchung der Entwicklungen auf der Ebene des Bundes der Evangelischen Kirchen in der DDR von 1970 bis 1980, Würzburg.

Sekretariat der Dt. Bischofskonferenz/Kirchenamt der EKD (1998): Zur Kooperation von Evangelischem und Katholischem Religionsunterricht, Bonn/Hannover.

Stolpe, Manfred (1995): »Auch ich habe Fehler gemacht«. In: Publik-Forum, Nr. 16, 25. August 1995, 6–8.

KIRCHE AUF DEM POMMERSCHEN DORF

Bernd Dietrich Krummacher

Die Kirche der zwischen Greifswald und Grimmen in Vorpommern gelegenen Gemeinde Groß Bisdorf steht im fast kleinsten der zehn zugehörigen Dörfer und trägt die Schilder aller kirchlich eingemeindeten Orte. Sie stammen zwar erst aus einer Zeit kurz vor dem ersten Weltkrieg, als man sich bewußt der Geschichte zu vergewissern begann; der Besucher aber sieht und sucht in den altertümlich geschriebenen Dorfnamen eine frühere Ordnungsstruktur, die sich im Kirchgebäude erhalten hat und ihm die Nähe zur Geschichte mit ihrer Ursprünglichkeit und Geborgenheit erschließen soll.

An der Stirn des Seitenschiffes enthält die Kirche die Tafel mit den 28 Predigern, die seit der etwas verspäteten Reformation in Bisdorf das Evangelium verkündigt haben. Aufschlußreich ist dabei die Beobachtung der Zeiten der neueren deutschen Geschichte mit der größten Stabilität, die Aufklärung des ganzen 18. Jahrhunderts und die deutsche Kaiserzeit. 150 Jahre wurden von drei Pastoren bewältigt.

Als die DDR im »sozialistischen Frühling«, der Kollektivierung Ende der fünfziger Jahre, die Dörfer aufzumischen begann, wurde bewußt am konservativen, kirchenbelasteten Groß Bisdorf vorbeigeplant. Die Straße verkam; Neubauten – verhinderte Großstadtblocks, Folgeeinrichtungen wie Kulturhäuser und Zentralschulen wurden anderswo errichtet. Für Groß Bisdorf war das langsame Erlöschen und Austrocknen vorgesehen, und bei der Wende fand es sich mit seinen 43 Bewohnern, 18 Häusern und der großen Kirche konserviert und idyllisch als ein unberührter Zeuge früherer Zeiten vor.

Die Region Vorpommern nördlich der Peene stand 170 Jahre nach dem Dreißigjährigen Krieg unter schwedischer Herrschaft. Der Aufbauimpuls nach dem Großen Frieden mit einer Art Generalrevision und Inventarisierung des ganzen wirtschaftlichen, kulturellen und religiösen Lebens, der von Schweden ausging, lebt bis heute in dem besonders zur DDR-Zeit tröstlichen Volksglauben, daß Schweden uns im Ernstfall nicht untergehen lassen wird. Mit der Zeit aber legte sich die Decke einer fernen Herrschaft lähmend über Vorpommern. Die im benachbarten Mecklenburg vorangetriebene Errichtung von Schulen, Ämtern und Kapellen unterblieb, und geistige Bewegungen wie Aufklärung, Pietismus und Erweckung zogen in der Ferne vorüber. Wenn dann Wandel eintrat, wurde er als bedrohlich empfunden. Ende vorigen Jahrhunderts schreibt der Pastor als Chronist: »Neue Elemente von auswärts kommen in das Kirchspiel hinein, die nichts von der ererbten Sitte und Kirchlichkeit wissen oder wissen wollen.«

In dieser Bemerkung zeigen sich zwei gewichtige Sachverhalte: die Sitte und die Alteingesessenheit. Was hier angedeutet wird, hat jahrhundertelang bestanden und gewirkt – die Moralaufsicht, die die Kirche über das Dorf ausübte und die von ihrer Rolle als Schulinspektorin noch gestützt und verstärkt wurde. Sanktionen bei unehelichen Geburten, gegen überhandnehmende Einrichtung von Gaststätten und deren Besuch, gegen nicht des Kranzes der Unschuld würdige Bräute, gegen kapitalorientierten Landverkauf, gegenüber Zigeunern und polnischen Saisonschnittern, schließlich auch gegen träge werdende Lehrer –, sie alle waren mit der Autorität der Kirche verbunden und waren ihr entscheidender Realitätsbezug. Man kann sich denken, daß sich in dieser sozialen Funktion die herzenwendende Kraft des Evangeliums zugunsten seiner Ordnungsaufgabe verloren hat und dabei seine lebensstabilisierenden Wirkungen vor der Botschaft des Aufbruchs und der Freiheit rangierten. Vielleicht erklärt sich aus dieser Umsetzung des Gotteswortes in eine schlüssige gesellschaftliche Gestalt, daß persönliche Glaubenshaltungen in der vorpommerschen Kirchengeschichte blaß blieben oder wurden und man dem Pommern nachsagt, er sei kirchlich, gehe aber nicht zur Kirche.

Wenn auch ein kirchlicher Beobachter die Auswirkungen geschichtlicher Sachverhalte meist etwas überschätzt, so wirkt sich auch die Seßhaftigkeit für das religiöse und kirchliche Leben aus.

Bis heute gibt es dabei einen Unterschied zwischen Bauern- und Gutsdörfern. Jene, mit größerer Selbständigkeit in Handeln und Denken, haben einen Bestand privaten Eigentums über die Zeiten bewahrt und sind eigenständige Partner oder markante Gegner der jeweils herrschenden Ordnung geblieben, während die Gutsdörfer ihre Opfer wurden, stärkerem Anpassungsdruck unterlagen und ihn in einer Mischung aus Gezwungenheit und Einfügungsbereitschaft hinnahmen, ob der Gutsherr sie nun zum Kirchgang anhielt oder der LPG-Vorsitzende sie der Partei zuführte.

Die Alteingesessenheit ist dagegen ein übergreifender, uneinholbarer Vorsprung. Die dieser Schicht Zugehörigen bilden trotz aller Fluktuation den Grundbestand der Bevölkerung und in überdurchschnittlichem Maße auch der Kirchenmitglieder, die insgesamt ein Drittel der Wohnbevölkerung ausmachen. Stark ist dieser Bevölkerungsteil zusätzlich auch dank geringerer Westfluchtverluste. In den für Vorpommern untypisch überwiegenden Bauerndörfern waren Verwandtschaft und Land ausreichend starke Gründe zum Bleiben. Mit den Jahren sind in der DDR-Zeit Menschen aufs Land gekommen, die jenseits der großen Städte eine Nische suchten, haben sich auf verlassenen, damals unvorstellbar billig gehandelten Höfen angesiedelt und, da sie in vielen Hinsichten auf Hilfe angewiesen waren, bereichernd in die Region integriert. Sie sind meist die Anreger und Gestalter kultureller und politischer Verantwortung. Schon früher hatte die Region – nolens volens – Zuwanderungswellen erlebt. Als in der Wirtschaftskrise der zwanziger Jahre viele Güter Konkurs machten, kamen Westfalen und übernahmen die daraus entstandenen Siedlungen. Nach dem Krieg kamen ostpreußische und hinterpommersche Flüchtlinge. Manchmal möchte man denken, daß Vorpommern ohne Zuwanderer eigentlich nicht lebensfähig wäre. Der dabei verstärkte Prozeß der Differenzierung, der Auffächerung der Lebensstile und -ansichten ist dennoch nicht durchweg angenommen und bewältigt worden im Vergleich zur Orientierung an einer ständischen Ordnung und ihrer Stabilität. Deren Vorstellung bilden den Rahmen, an dem Wandlungen gemessen werden, auch wenn die Wirklichkeit dieser Vorstellungen nicht mehr besteht.

In zugespitzter Form erleben Kirchengemeinden diese Spannung, wo nach dem Umbruch von 1989 Menschen sich der Kirche angeschlossen haben, manchmal im Gegensatz zu ihrer früheren Gesinnung. Beklommenheit und Groll derer, die in unauffälliger Weise auch in anders gearteten Zeiten zur Kirche gehalten haben, führen zu einer Situation, in der das Problem der paulinischen Missionsgemeinden und ihres spätberufenen Apostels präsent ist. Dabei erlebt die Kirchengemeinde in spezifischer Weise ihren Prozeß der Differenzierung und die ganz spezielle Frage, wie sie sich zwischen Bewahrung und Aufbruch entscheidet.

Diese Frage soll die folgende Schilderung in drei Abschnitten begleiten, im Blick auf bestimmte Lebens- und Dienstbereiche der Gemeinde, bei der Erinnerung an die Wende und ihre Folgen und bei der Reflexion einer entsprechenden Antwort.

Lebens- und Dienstbereiche der Gemeinde

Arbeit und Leben der hier geschilderten Kirchengemeinde in dem für die Erinnerung überschaubaren Zeitraum von vielleicht dreißig Jahren sind von der Bewältigung des langsamen

Endes der Volkskirche und der Gestaltung einer Art zweiten Programms der Gemeinde aus Gemeinschaftsbildung und Beantwortung aktueller Herausforderung bestimmt gewesen.

Die Volkskirche ist in ihren Resten trotz anders lautender Vorhersagen bis heute präsent als eine einleuchtende Form zur Regelung religiöser Angelegenheiten. Das schlüssige Muster einer tages-, jahres- und lebenszeitlich gestalteten Glaubensform bleibt auch da bekannt und einleuchtend, wo es faktisch nicht mehr vollzogen wird. Die Erinnerung und auch wieder die Forderung nach einem Zug schwarz gekleideter Konfirmanden durch Dorf und Friedhofstor, die Gewohnheit, »das Abendmahl zu nehmen«, aber nicht öfter als einmal im Jahr, die Danksagung für Verstorbene im folgenden Gottesdienst, das Vorliegen einer Chronik und eines Archivs im Pfarrhaus, dessen Belebung durch eine frohe, dienstbereite Familie – sie alle sind als Vorstellung lebendig, ganz abgesehen von ihrem wirklichen Bestand.

Der Rückgang der Volkskirche durch Segmentierung und Marginalisierung ihres Mitgliederbestandes gegenüber der Gesamtgesellschaft ist hier nachweisbar in den bekannten Zahlen – normaler Sonntagsgottesdienst mit fünfzehn Besuchern, zehn Taufen im Jahr, was im guten Fall ein Viertel der in Frage kommenden umfaßt, Konfirmation von 10 bis 40 Prozent eines Altersjahrgangs, fünf Trauungen in zehn Jahren – und hat schon seit langem zur Erwartung ihres Auslaufens geführt. Der Übergang aus dieser so gelungenen Glaubensform, die es erlaubte, seinen Glauben ohne Überhitzung auf Dauer zu gestalten und in die Gesellschaft zu integrieren, in eine aktuelle Glaubensexistenz ist deshalb schwer, weil sich Volkskirche auch selektiv leben läßt. Man muß nicht ihr ganzes Programm teilen; die Volkskirche ist menschen- und fehlerfreundlich.

Dennoch muß man sich vor einer Restauration des Musters Volkskirche aus folgenden Gründen hüten. Die Kirche war in unserer Gegend nie volkstümlich, wie es die uns in der Nachbarschaft gut vor Augen stehende katholische Kirche Polens ist, sondern sie war ein Teil der staatlichen oder doch gesellschaftlichen Lebensordnung, die das persönliche Leben nur ausnahmsweise betraf. Die Aufgabe, Kirche für das Volk zu sein, muß heute anders wahrgenommen werden als in Zeiten, zu denen vielleicht wirklich das Volk in allen seinen Schichten gemeinsam angesprochen werden konnte. Zusammengehörigkeit in dieser Weise ist eine Ausnahme, wie die revolutionären Zusammenkünfte im Herbst 1989 zeigten. An die Stelle des Volkes ist eine medienvermittelte Öffentlichkeit getreten, in der die Kirche wohl vorkommen, aber keine der vergangenen Volkskirche vergleichbare Deutlichkeit gewinnen kann. Ein anderer Grund für den Abschied von der Volkskirche liegt darin, daß institutionelle Formen der Schicksalsbewältigung und der Vorbereitung darauf heute nicht wie in gefährdeteren früheren Zeiten etwa im Blick auf den großen kirchlichen Gebäudebestand, aber auch das Personal auf Vorrat als teure ungenutzte Möglichkeit bereitgehalten werden müssen, sondern bei Bedarf schnell eingerichtet werden können.

Neben den Verpflichtungen einer Kirchengemeinde und ihres Pastors beim Abschied von der Volkskirche, die nicht selten in ihrer Zerstreutheit aufwendig sind, und neben Verkündigung und Sakramentverwaltung sind es drei Bereiche, in denen die hier als Beispiel dienende Gemeinde in den letzten Jahrzehnten ihren Weg gesucht hat: Besuchsdienst, Gruppenbildung, Arbeit mit Kindern und Jugendlichen.

Fast alle kirchlichen Angebote sind reichlicher vorhanden, als sie genutzt werden. Nur eines wird weniger angeboten, als es gebraucht wird: Besuche.

Es gehört zu den Besonderheiten einer Dorfgemeinde, daß ihre Glieder sich kennen, daß das Kontakthalten dadurch leichter wird und die Erwartungen nach persönlichem Besuch und Gespräch erfüllt werden können. Es ist auch eine unerwartete Kehrseite der Entkirchlichung, daß mit ihr Raum für die spontanere Begegnung zum Gespräch und zur Situation der Gesprächspartner frei wird – falls nicht unter später zu schildernden Zwängen die Dienstbereiche nach neuen Maßstäben groß gemacht werden, so daß dieser Gewinn entfällt.

Mancher Pastor hat in der DDR während vieler Jahre seines Dienstes vorrangig Besuche gemacht und Verbindungen hergestellt. Gewiß kann auch hier des Guten zuviel geschehen, eine Verwöhnung der Gemeinde eintreten. Ein Mitpastor, der in sympathischer Weise von der Ideologie der Konzeptionen und ihrer offenkundigen Vergänglichkeit ermüdet war, meinte, daß es im Grunde der Wunsch seiner Gemeinde sei, im Wechsel der Herausforderungen, Anstrengungen und Langweiligkeiten des Lebens in ihm einen zuverlässigen und unaufdringlichen Begleiter zu haben.

Man kann natürlich fragen, welchem Ziel der Einsatz für Kontaktpflege und Gesprächsbesuche dient. Die Antwort darauf ist wiederum differenziert, geprägt von der Vielfalt, die sich für viele Vorgänge als erklärungskräftiger Sachverhalt aufdrängt. Der Pastor, den die alte Chronik schildert, ging in die Häuser, wenn er gerufen wurde oder wenn klare Amtspflichten – Sakramentsspendung, Vermahnung, Beichte – zu erfüllen waren. Zu anderen Anlässen wurde er im Pfarrhaus aufgesucht. Der Alltagskontakt und persönlicher Kontakt ergaben sich aus der täglichen Dorfgemeinsamkeit und am Sonntag beim Gottesdienst. Das Kommunikationsbedürfnis war damals anscheinend einfacher strukturiert. Heute ist es fein und anspruchsvoll. So gibt es den Besuch, der der Aufrechterhaltung gegenseitiger Achtung dient, und den, bei dem der Pastor zufälliger Abladeplatz für den Lebensschutt ist; es gibt die kontinuierliche Begleitung schwieriger Lebenswege, aber auch die freudige Begleitung sichtlichen Wachstums. An dieser Stelle findet der Pastor manchmal auch Partner zur Reflexion des eigenen Dienstes. Es gibt das Zuhören gegenüber alten Menschen, die zu besuchen ein betagter Pastor seinen Nachfolgern dann riet, wenn sie selbst am Verzagen sein sollten. Es gibt die versäumten Besuche mit ihrem nachwirkend heilsamen Druck. Weiterhin gibt es die Besuche aus besonderem Anlaß – wo es geht, zu Geburtstagen, vor und nach Kasualien, bei Feiern, manchmal in großer fremder Runde mit ihrer angeregten Oberflächlichkeit. Und dann Besuche mit einem Ziel, meist einer Aktivität der Gemeinde, für die Mitträger gefunden werden müssen.

An der Berührungslinie zwischen dem Aufsuchen Einzelner und gemeinsamer Aktivität liegen Besuchsdienste einer Gruppe. Auch auf Dörfern gibt es bei der heutigen Fluktuation, dem Entstehen neuer Wohngebiete oder der Umgemeindung von Orten Anlaß zu einem konzentrierten Besuchseinsatz, den in kurzer Zeit nur eine Gruppe leisten kann, ob nun Bekanntmachung der »Neuen« mit der Gemeinde das Ziel ist oder geistliche Vertiefung. Der Erfolg bei Besuchseinsätzen ist meist nicht sehr groß. Aber sie verdeutlichen doch punktuell den Geist einer Gemeinde nach außen und haften in der Erinnerung der Aktiven nicht selten als ein gelungenes Wagnis, das eine eigene Gruppenatmosphäre hinterläßt. Gruppe – das ist das Stichwort für einen anderen vorrangigen Dienstbereich der Gemeinde.

Seit Günter Gauß der DDR-Gesellschaft das Selbstverständnis einer Nischenkultur angeboten hat, steht die Erfahrung, daß Gruppen die Gemeinde tragen und daß ohne Gruppen die Gemeinden in unserem Bereich verdorrt wären oder sind, in einem doppelten Licht. Es sind eigentlich westliche Einflüsse, die, ökumenisch vermittelt, in der Kirche Begegnungsformen mit breiterer persönlicher Berührung, mit Merkmalen eines Clublebens, eine Gemeinschaft geteilter Zeit, Sorgen und Aktivitäten etabliert haben. Mancher hat bei westlichen Freikirchen die herzliche Nähe und Wärme familiärer Gemeinden kennengelernt und davon mitgenommen, was er konnte. Andererseits bekam in der Diktatur jede selbständige Gruppenbildung den Glanz des Tabus. So stehen nun die Bewertungen nebeneinander: freikirchlicher Import, vor dessen Verengungen sich eine Landeskirche öffentlich-rechtlichen Zuschnitts auch auf Gemeindeebene hüten müsse; keiner dürfe das Gefühl einer Freundschaftsgruppe nur für Zugehörige bekommen, wenn er der Gemeinde begegnet. Die andere Bewertung: eine mit der geschlossenen Gesellschaft der DDR vergangene Form von Gegenkultur. Beide Sichten enthalten beherzigenswerte Mahnungen. Der Kern dessen, was die Kirche hier gefunden hat und erfährt, ist indes konsistenter als die Mißbrauchs- und Vergänglichkeitssorgen.

Was sich hier gewandelt und vollzogen hat, ist schon an der objektivsten Gruppierung in jeder Gemeinde zu sehen, dem Gemeindekirchenrat. Der Kirchenrat, wie meist in unwillkürlicher Korrektur des preußischen Amtsausdrucks, der den Kirchenrat mit anderen Gemeinderäten eine kommunale Untergliederung sein läßt, gesagt wird, bestand vor vielleicht 40 Jahren in vielen pommerschen Dörfern aus vier Honoratioren, die die Kasse beschlossen und deren spezielle Kommunikation in einem Glas Cognac bei der Neujahrsaufwartung gipfelte. Die Kirchenräte von heute sind im allgemeinen offene Beratungsgruppen, die auswerten, beschließen, planen, was die Gemeinde tut, und zu einem guten Teil auch selbst ausführen, was sie festsetzen: Gottesdienst Gestaltung, Straßensammlung, Bauvorhaben. Kirchenräte fahren gemeinsam zu Rüstzeiten, dieser doch früher undenkbaren Form einer gemeinsamen Zeit von mehreren Tagen zu Stärkung, Zurüstung und Gespräch, bei der erinnert, diskutiert, in Ruhe Neues an Vorhaben angebahnt oder auch die Begegnung mit einer anderen Gruppe erlebt wird. Freilich: Was die einen enger zusammenführt, läßt die Nichtbeteiligten weiter draußen stehen. Öffnung bleibt eine Aufgabe. Aber das Zusammenwachsen von Kernbereichen, Gesundung und Wachstum der Grundeinheiten einer Gemeinde dürfen der Sorge vor Verengung nicht zum Opfer fallen. Natürlich darf man den Beitrag der Gruppe für die Gesamtgemeinde verlangen. Interessant ist dabei, daß die Bereitschaft zu Einsatz und persönlicher Beteiligung gegenüber früheren Zeiten wächst. Einsatzfreude und Aktivität sind Früchte einer Gesellschaft mit hoher Selbständigkeit. Sie erfolgen aber nicht nach Programm. Nicht Hilfsdienste werden gesucht, sondern selbstgewählte Aufgaben mit eigenständigen Gestaltungschancen.

Die Zahl der Arten von Gruppen in der Gemeinde ist nicht gering. Am intensivsten sind offenbar Gruppen, in die Familien einbezogen sind. Sie mögen vom Gespräch über Erziehungsfragen ausgegangen sein oder aus einem Ehepaarkreis. Wo sie Wurzeln bekommen, bilden sie Räume der Gemeinsamkeit, in denen nicht vorhersehbare Impulse – für den Gottesdienst, für das Bibelgespräch, für soziale Aufgaben – entstehen. Die Verbindungen daraus halten jahrelang, manchmal für immer. Daß die Ausgliederung persönlicher Kontaktintensitäten Gemeinden auch belasten kann, ist selbstverständlich. Auch eine Gemeinschaft dieser Art steht indes nicht still. Sie fügt sich keiner Strategie und widersteht meist einer zu starken Formalisierung oder einer Sicherung durch ausdrückliche Verbindlichkeiten. Die Spannungen zum übrigen Gemeindeleben sind Aufgaben zur Bewältigung. Der Gewinn dieser Entwicklung ist aber eines der eigentlichen Geschenke innerhalb vieler Gemeinden in den letzten Jahrzehnten. Die besondere Bedeutung solcher Gruppen – Chöre etwa waren es nicht – als Träger der Revolution soll später zur Sprache kommen.

Ein anderer Lebensbereich, der viele Gemeinden über die Jahrzehnte der DDR hin besonders beschäftigt und belebt hat, ist die Zuwendung zu Kindern und Jugendlichen. Nachdem Anfang der fünfziger Jahre der Religionsunterricht endgültig aus der Schule verdrängt war, hat die Kirche der Unterweisung von Kindern vor der Konfirmandenzeit in der Christenlehre und im zugehörigen Dienst des Katecheten eine Form gegeben. Die Dürftigkeit des Lebens eines Katecheten, der sozial noch schlechter eingeordnet war als der Pastor, ist heute schwer zu vergegenwärtigen. So mußte er sich die Kinder, die er unterweisen wollte, selbst zusammensuchen, sein Unterrichtsräume selbst heizen und reinigen, das Unterrichtsmaterial selbst schreiben und zudem noch für viele Hilfsarbeiten in der Gemeinde aufkommen. Andererseits lag über der Christenlehre der Glanz der Alternative; die Unterdrückung durch Schule und Staat bis zur Bloßstellung und Benachteiligung der Kinder, die zur Christenlehre kamen, konnte eine besondere Form von Gegengemeinschaft hervorrufen, in der Zuwendung, nicht selten Seelsorge an Kindern, Lernen, Gestalten, Erleben sich miteinander verbanden. Der Aufwand dafür war oft unvertretbar, jedenfalls ohne westliche Hilfe unbezahlbar hoch. Transport der Kinder, Bereithaltung von doch wenig genutzten Räumen, kleine Gruppen, vor allem der Einbezug von nicht kirchlich getauften Kindern, die mitgebracht wurden oder zufällig selbst zur Gemeinde stießen. Man konnte in viele pommersche Dörfer gehen und Kinder von der Straße zu Spiel, Gesang, Biblischer Geschichte und Basteln mitnehmen. Manchmal entstanden dabei Gruppen über Jahre. Taufen und Konfirmationen ergaben sich daraus. Das Besondere einer irgendwie vom Himmel gefallenen Gemeinschaft ist gewiß bei vielen Kindern dauerhaft in Erinnerung geblieben. Andererseits war das Hinterland brüchig. Von Begleitung und Stützung durch die Eltern konnte selten die Rede sein, und die Verbindlichkeit hatte ihre Grenze an den Zwängen der staatlichen Erziehungsordnung, die es sich anmaßte, über die Schule alle Bereiche des Heranwachsens zu regulieren.

Als das Ergebnis dieser kirchlichen Notunterweisung nach dem Umbruch in der bleibenden Schwäche gegenüber der forderungsfrei vermarkteten Jugendweihe sichtbar wurde, bescheinigte die Frankfurter Allgemeine der kirchlichen Jugendarbeit im Osten ihr Scheitern.

Jedoch im Blick auf den Katechetendienst mag man es denen, die einen Teil ihres Lebenseinsatzes in dieser »freien« Kinderarbeit erbracht haben, nicht verdenken, daß sie sich schwer an die kühlere Atmosphäre des auch geistig von den Schulen meist mehr geduldeten als integrierten Religionsunterrichts gewöhnen können, manchmal seinen pädagogischen Erfordernissen auch nicht gewachsen sind. Die eigene Zuwendung der Gemeinde zu Kindern kann nicht delegiert werden. Es ist etwas anderes, Kinder in der Schule so zu bilden, daß sie sie klüger als vorher verlassen, und sie mit der Gemeinde so vertraut zu machen, daß sie in ihr bleiben können. Auch hier ist die Selbständigkeit der Gemeinde, die in unentgeltlichem Einsatz wahrnimmt, was vielleicht in geordneter Dienstform nicht aufrechtzuerhalten ist, die Perspektive.

Die geschilderten Lebensbereiche und Dienstformen sind, gerade in krisenhaften Phasen, begleitet von Reflexionen des Pastors über seine Rolle. Sie mag früher durch das Amt des Pfarrers und seinen gesellschaftlichen Platz stabiler gewesen sein. Sie ist auch heute noch ein singuläres Bündel von Aufgaben, für deren Segmente häufig eine spezielle Qualifikation fehlt. Aber in Zeiten unaufhaltsamer Spezialisierung und schwindender Integrationskräfte ist die Aufgabe eines unvollkommenen Verbindungsmenschen nichts Schlechtes – Kontaktfreude, das A und O des Gemeindedienstes, vorausgesetzt. Nicht immer gelingt freilich die innere Annahme des Dienstes, der hinter seinem traditionsgegebenen Sollwert für den Verkündiger, Seelsorger und Lehrer zurückbleibt. Nicht immer gelingt das Eingehen auf den Wunsch nach einem leutseligen Partner, der niemandem zu nahe tritt, dennoch zugänglich ist, der am selben Tag einen Kranken tröstet, mit Kindern spielt, ABM-Mitarbeiter anleitet, Dachziegel auswechselt, Förderanträge durchsetzt, den Austritt eines Ältesten aus dem Kirchenrat verarbeitet und die Planung des Gemeindefestes initiiert. Doch oft entstehen aus der Vielfalt Kräfte – Kräfte aus Kontrasten –, andererseits auch Auszehrung und geistige Öde. Die Zeit, in der alle theologieferneren Funktionen des Pfarramtes ehrenamtlichen Kräften übertragen würden und dem Pastor »das Eigentliche« bleibt, ist nicht gekommen. Die Zeit, zu der Konzentration unausweichlich ist, auch wenn nicht alles andere beruhigend versorgt werden kann, sie wird wohl kommen.

Die Erinnerung an die Wende und ihre Folgen

Was bisher geschildert wurde, ist Vergangenheit und Gegenwart zugleich. Es ist ein erinnerliches oder auch weiterhin präsentes Grundmuster kirchlichen Gemeindelebens, das aber doch unter dem Schleier einer Unwirklichkeit liegt, als die uns die vergangene DDR-Zeit oft erscheint. Indes wurden die Überlegungen, die uns heute beschäftigen, schon damals angestellt. Heute aber – in einer wirklicher gewordenen Welt, in der man das, was man sagt, auch ausführen oder vertreten muß, ergeben sich aus lange gehegten Vorstellungen auch Folgerungen. Hinzu kommt etwas anderes: Der Herbst 1989 hat uns erleben lassen, was eine Ausnahmesituation ist und wie sie die umgebenden ruhigeren Zeiten prägt. Vor allem aber: In welchem Maß nicht diejenigen recht haben, die beschwichtigen und akkomodieren, sondern die Visionäre, und daß Anpassung oft klug ist, daß sie aber nicht die Fundamente für Gemeinschaft und Verantwortung legen kann.

Der Herbst 1989 hat uns Einzigartiges gezeigt und Alltägliches gebracht. Er hat uns erfahren lassen, welche Kräfte der geistigen Freiheit und der glaubenden Bindung im Untergrund scheinbarer Stabilität, die im Fall der DDR sich zudem auf historische Notwendigkeit zurückführte, geschichtliche Bewegung auslösen können und wann die Kraft der Schwachen den Ausschlag gibt und zu Ereignissen führt, deren Möglichkeit zuvor in keines Menschen Ohr gedrungen war. An den Abenden dieses Herbstes saßen Menschen oft Stunden vor den eigentlichen Friedensgebeten zu Hunderten in der Kirche, um ihrer inneren Bewegung Herr zu werden und immer wieder dieselben, meist alttestamentlichen Worte zu hören. Wer das erlebte, verstand besser, wie in der Reformationszeit ein Volk von ein und derselben Frage aufgewühlt war, nicht genug von der so langsam ins Herz dringenden Antwort hören konnte und deshalb das Wort suchte. Dem müde gewordenen Christen wurde das Erlebnis einer ganz anderen als von gesellschaftlichen und kirchlichen Wahrscheinlichkeiten ausgehenden Kraft zuteil.

Doch auch in dieser Weise wiederholt sich die Geschichte nicht, und der in die Tiefe und in die Höhe weisende Aufbruch behielt die Einzigartigkeit einer Überraschung. Was dann kam, lag auch oft weit außerhalb des Vorstellungsvermögens und mutete in manchen nun einziehenden Merkmalen des kirchlichen Lebens wie die Reise in eine – ganz gut erhaltene – Vergangenheit an. Was nun kam, war vielleicht für das Leben des Menschen nicht besser, schon gar nicht traumhaft. Aber es war doch eins: es war wirklicher. Vor allem im Vergleich mit der ideologischen Scheinwelt der untergegangenen Ordnung.

Wie die ganze DDR einen Schritt Modernität nachholen mußte – schwer in geschlossenen Ordnungen, zumal auf dem Lande –, so kam auch die Kirche in einen weiteren, ungeschützteren, möglichkeitsreicheren Raum. Endlich wurden Kirche und Gemeinden normale Teile der Gesellschaft – im Guten wie im Bösen. Die Aufgaben, die damit auftraten, haben die meisten Gemeinden vorrangig beschäftigt, bereichert und nun – acht Jahre nach der »Wende« – meist auch etwas ermüdet.

An vielen Orten wie in der hiesigen Dorfgemeinde konnte der Verfall der Gebäude zum Stillstand gebracht oder sogar der Kirche neuer Glanz verliehen werden. Wie immer, wenn Verfall überwunden wird, kann man sich hernach den Abstand zum alten Zustand kaum mehr vergegenwärtigen. Die Maßstäbe der Sanierung und Restaurierung sind hoch, so daß persönlicher ehrenamtlicher Einsatz, in dem früher die eigentliche Erhaltungschance lag, nicht mehr gefragt ist. Die Ansprüche an Erhaltung und Pflege der restaurierten Kirchen steigen. Die Normen der Denkmalpflege eröffnen immer neue Räume des Wünschbaren. Aber irgendwann führt die Erledigung technischer Aufgaben doch zu der Frage nach dem Geist und dem Sinn der so liebevoll erhaltenen Bauten. Die Sicherung der materiellen Basis allein führt nicht zum Geist, und es drängt sich die Frage auf, ob sich in Kirchgebäuden noch eine andere Tür auftut als die zu den museal gestalteten Nebenräumen.

Die gesellschaftliche Normalität legt es, zumal nach der kontaktintensiven Wendezeit, der Kirchengemeinde nahe, über ihre Grenzen hinauszugucken. Was in etablierteren Verhältnissen Sache von Vereinen oder Spezialisten wird, ist zunächst für eine Weile von der Kirche angeregt und begleitet worden, etwa eine Dorfzeitung, ein in der DDR undenkbares Medium; oder die Mitgestaltung von öffentlichen Festen durch Theateraufführungen.

Vor allem sind zwei gewichtige Aufgabenfelder hinzugekommen:

– Die Kirche als Träger öffentlicher Arbeit. Abgesehen von dem großen Gewinn für die »Außenhaut« fast aller Gemeinden durch den Einsatz von ABM-Kräften und anderen geförderten Arbeiten erfährt die Gemeinde zum erstenmal die Verantwortung, Arbeit zu organisieren und zu definieren.

– Der andere, in der neuen Realität mögliche Schritt sind Initiativen, die alten Anliegen folgen und nun wirklich deren Realisierung zulassen. Wo früher in Gesprächskreisen Informationen über die nahe und ferne Welt ausgetauscht wurden, kann heute gehandelt werden, oft in Gestalt von Osteuropahilfen. Dabei ergeben sich Einsatzmöglichkeiten für Menschen, die sich früher in der Kirche nicht gebraucht fühlten.

Die Frage nach Integration und Konzentration stellt sich auch im Blick auf die Mitgliederschaft einer Kirchengemeinde. Die erst mit der Wende zugänglichen staatlichen Meldeunterlagen und die Festlegung von Mitgliederlimits für lebensfähige Gemeinden – in unserer schwach besiedelten Region liegt die Zahl bei 800 – hat diese Frage intensiviert.

Wohl immer wird es Kirchenglieder am Rande und Kirchenglieder im Kern dessen gegeben haben, was die Kirche selbst als ihre Mitte definiert. Unter dem Druck, daß die Mitgliedschaft die wirtschaftliche Basis der in volkskirchlicher Breite vorgehaltenen Angebote erbringen muß, also nicht nur um ihrer selbst und Gottes willen zur Kirche gehört, sind zwei Mitgliedstypen problematisch:

Zum einen verdrossene, stumme Mitglieder, die auch durch gelegentliche Berührungen wie Amtshandlungen, Weihnachtsgottesdienste oder durch Besuche nicht erreicht werden und die selbst signalisieren, daß sie nicht angesprochen werden wollen. Sie unterscheiden sich sehr von den »Randsiedlern«, die auch nicht dauernd in einer kirchlichen Gruppenaktivität stehen möchten, aber den Weg der Gemeinde mit Sympathie, manchmal mit Rat, manchmal tatkräftig verfolgen und fördern. Diese sind ein wichtiger Streifen Gemeinde. Ihnen gilt mehr öffentliches Programm. Jene aber werden vermutlich die Kirche irgendwann verlassen und die Frage nach der Mitgliedschaft verschärfen, nach der Mitgliedschaft, die nicht die Gemeinde mitgestalten will, sondern das vorgegebene Programm durch ihre stille Finanzierung mittragen soll.

Auf andere Art interessant ist eine Gruppe außerhalb der eingeschriebenen Mitgliedschaft, die Sympathisanten. Insbesondere in den DDR-Nachfolgeverhältnissen findet sich um die Kirchengemeinde ein Kreis von Interessierten, die in bestimmten Bereichen in der Gemeinde mit ihr aktiv sind, die nicht selten für ihre besondere Botschaft erwartungsvoll offen sind. Aber aus ihrem Lebensgang und ihrer weltanschaulichen Vorprägung heraus bleibt eine Sperre gegenüber der Möglichkeit, der Kirche beizutreten. Der Kontakt zu ihnen bereichert die Gemeinde; umgekehrt fordert er Zeit und Kraft, die auf die kirchensteuerorientierte Mitgliederzählung und Dienstbeschreibung nicht angerechnet werden können. Eine selbständig verfaßte Gemeinde, wie ich sie kommen sehe, die nicht volkskirchlich definiert, aber nach dem Maß ihrer Kräfte volkskirchlich offen ist, könnte diese Gruppe einbeziehen und um ihren Beitrag bitten.

Die Definition einer Gemeinde nach der Zahl ihrer kirchensteueraufbringenden Mitglieder und ihrer Kraft zur Erbringung der Personalkosten insbesondere für einen Pastor birgt die Gefahr, die Gemeinde nicht nach ihren Möglichkeiten zu organisieren, sondern, wie die Dinge liegen, an ihrer Kraft, einen Maßstab zu erfüllen, der nicht von ihr ausgegangen ist. Die deutschen Landeskirchen haben sich dem Besoldungsgefüge des öffentlichen Dienstes mit seinen Ansprüchen und Vorgaben angeschlossen, so daß Gemeinden danach bemessen werden, ob sie diesen Rahmen ausfüllen können oder nicht. In unserer Region führt das zu einer überdehnten Netzstruktur. Die Gemeinde ist potentiell flächendeckend präsent; ihre Region ist so groß, wie es für die am genannten Maßstab erforderlichen Einnahmen nötig ist. Die Einzugsgebiete dafür vergrößern sich fortwährend, weil die pro Ort zugehörige Mitgliedschaft abnimmt. Menschennaher, gemeinschaftsbildender Dienst wird schwer.

Die Reflexion einer Antwort

Faßt man die Beobachtungen zusammen, so lassen sie sich unter die beiden Stichworte Differenzierung und Segmentierung stellen. Wie die ganze Gesellschaft wird auch die Gemeinde in sich vielfältiger. Man könnte sagen, sie wird wohl kleiner, aber auch stärker. Zum anderen erreicht sie infolge der Säkularisierung nur einen Teilbereich der Gesellschaft.

Im äußeren Bild des Gottesdienstes hat sich zweierlei verändert. Vor dreißig Jahren war eine Dorfgemeinde froh, wenn sie einen Gemeinderaum hatte, in den sie sich möglichst lange aus der unwirtlichen Kirche zurückziehen konnte. Der Gestaltung der Gemeinderäume zu Wohnstuben der Gemeinde – nach den Möglichkeiten der Zeit – kam dieser Trend zugute. Beim Anblick der verfallenden historischen Bausubstanz gelangte mancher Kirchenrat zu Wunsch und Plan, seine Kirche aufzugeben. Nicht ganz zeitgleich mit der Wende, aber verstärkt durch die viel besseren Baumöglichkeiten haben die Kirchengebäude aufgeholt. So lange wie möglich möchte man Gottesdienst im heiligen Raum mit seiner Ruhe und Reinheit halten. Manch ungenutzter Nebenraum der Kirche wird als stille Kapelle wiederbelebt.

Folgende Entwicklung zeichnet sich zusätzlich ab: Die »hellen« Gottesdienste haben gegenüber den dunklen Anlässen aufgeholt. War früher Karfreitag der wichtigste Gottesdienst, so tritt er jetzt hinter Ostern zurück. Und, was man nicht glaubt: Vor 30 Jahren kamen hier zum »Totenfest«, dem Totensonntag, mehr Leute zur Kirche als am Heiligen Abend. Darf man daraus schließen, daß der Gottesdienst die Funktionen der Lebensbewältigung an Schicksalstagen und der Schuldverarbeitung verliert und dabei an Eigenwert gewinnt: Feier, Sendung, Aufblick? Andere Beobachtungen unterstützen diese Sicht. Der Gottesdienst hier wird so gut wie gar nicht mehr von »treuen« Gemeindegliedern besucht, in deren Sonntagsprogramm er eine Selbstverständlichkeit wäre. Er wird auch kaum von alten Menschen besucht; nach den DDR-Jahren ist auch die ältere Generation nicht mehr christlich; er wird getragen von jüngeren Leuten, die mit einer gewissen Intensität in ihm leben. Für die Gestaltung des Gottesdienstes bedeutet das, daß er über seinen formalen Rahmen und dessen sparsame Kürze hinausreichen, wirklich Stille und Einkehr enthalten muß. Der Gottesdienst braucht, um diese Kraft zu vermitteln, eine Stellung jenseits seiner Erfolgsabhängigkeit. Er muß unabhängig von seinen Anlässen und der Zahl seiner Besucher bestehen. Er ist kein konsumentenabhängiges Angebot. Er ist das in sich wertvolle Stück unmittelbaren Lebens vor Gott, zu dem Menschen hinzutreten können, das aber nicht von ihrem Kundenverhalten abhängt.

An die Stelle der Ideologie ist in der »neuen Ordnung« das Geld getreten – sagen die bisherigen DDR-Bürger. Statt der Bewußtseinsindoktrination sind wirtschaftliche Kräfte wesentliche Steuerungsinstrumente der heutigen Gesellschaft. Das ist ein eindeutiger Realitätsgewinn und selbstverständlich ein Effektivitätsfortschritt. Auch die wirtschaftliche Lage der Kirche ist nach der Wende unvergleichlich besser geworden. Aber nicht so gut, wie gedacht, und in Unkenntnis der Grenzen des Möglichen. Wie die ganze Gesellschaft haben wir auch in der Kirche viel Geld, nur nicht für alles, was man sich immer noch mehr wünschen kann. Die wirtschaftlichen Möglichkeiten einer Gemeinde würden ausreichen, ihren Dienst und ihren Pastor zu finanzieren – wenn sie ihn finanzieren würden – nach einem von ihr festgelegten und ihrer Kraft entsprechenden Tarif. In der Wirklichkeit aber kann eine Gemeinde bei uns ihren Pastor in der Regel nicht bezahlen; sie kann die nach bundesweiten Maßstäben des höheren öffentlichen Dienstes festgelegte Besoldung nicht aufbringen. Um dennoch Pastoren zu bezahlen, werden die Einzugsbereiche so weit vergrößert, bis sie finanziell reichen. Auf diese Weise ist die Stunde der Wahrheit, in der die Gemeinde mit dem auskommen muß, was sie aufbringt, noch nicht gekommen; eher für die Landeskirchen, die bei einheitlicher Besoldung ihrer Pastoren das Netz der tätigen Pastoren meist so ausdünnen müssen, daß das Budget reicht. In unserem Fall ist dabei der Gemeindebereich um ein Drittel größer geworden.

In der DDR blieb die Wahrheit über die ökonomische Lage der ganzen Gesellschaft verborgen. Die westlichen Kirchen sorgten zudem dafür, daß der Kirche in ihrer auf andere Art bedrohten Situation der Absturz auch noch an der ökonomischen Flanke erspart blieb, damit freilich auch die Rechenschaft über ihre wirtschaftliche Kraft und Schwäche. Heute gleitet die Gemeinde an der Wahrnehmung ihrer wirtschaftlichen Leistungskraft wiederum vorüber, weil sie gezwungen ist, ihre Mitarbeiter nicht nach ihren Möglichkeiten und deren Einsatzwillen zu bezahlen. Verwaltungsreformen sollen Einsparungen bringen und teuren, ausgedünnten Dienst effektiver machen.

Ein Punkt bleibt dabei ausgespart: die Möglichkeit, daß eine Kirche im persönlichen Bereich, den Gehältern arm ist. Der Spagat zwischen unaufbringbaren Gehaltsansprüchen und schwachen Einnahmen wird erst zum Stand kommen, wenn eine Gemeinde ihren Pastor nach ihrem Maß bezahlt. Der Ausgleich schwieriger Situationen wird dann immer noch möglich sein.

Die Folgen eines verfehlten Umgangs mit Geld reichen tief. Sie nähren im Unbewußten das – manchmal trotzig geleugnete – Gefühl zu verdienen, was man nicht verdient; daneben auch die Angst vor dem wirtschaftlichen Absturz. Nach außen nötigen sie zu einem sorgenvollen Werben um die Mitgliedschaft, die ähnlich einer Kundschaft gehalten werden muß – in ihren Außenbereichen durch Formen von Einladung und Werbung, die mit dem Auftrag der Kirche nichts mehr zu tun haben.

In dieser Situation wären alle konzeptionellen Erwägungen gelähmt, wenn sie nicht auch den Punkt der wirtschaftlichen Abhängigkeit zur Lösung bringen. Dazu gehört auch folgende Überlegung: Unsere Gegend hat wohl nie eine wirkliche Missionierung erlebt. Jedenfalls hat sie nie eine deutliche, radikale Gestalt des Christseins kennengelernt wie Erweckungsbewegungen, Klostergründungen, Basisgemeinden – an der man mehr sieht, als man selbst realisieren kann, an der man sich aber doch innerlich orientiert. Sie kennt nur eine Kirche, die analog zur öffentlichen Ordnung für den Bedarfsfall vorgehalten wird und in denselben wirtschaftlichen Ansprüchen lebt wie sie selbst.

Heute gehört es zu den Notwendigkeiten eines Weges durch die vielfach spürbare Krise der Kirche und aus jener hinaus, daß der Dienst der Gemeinde von wirtschaftlichen Ansprüchen getrennt wird, die ihre Kraft übersteigen, und daß das, was unvermeidlich eine wirtschaftliche Basis braucht, genau die Größe hat, die der Kraft der Gemeinde entspricht.

Die hier geschilderte Kirchengemeinde hat auf diese Situation in folgender Weise reagiert: Ihr bisheriger Pastor bestreitet seinen Lebensunterhalt aus einer Teilanstellung als Lehrer und leistet einen bestimmten Gemeindedienst unentgeltlich. Die bezahlte Pfarrstelle ist dadurch entlastet und kann mit diesem zweiten »kostenlosen« Geistlichen rechnen.

Der in dieser Weise versehene Bereich umfaßt den Dienst an einer Kapelle mit täglichem Abendgebet, Gottesdienst an allen Sonn- und Feiertagen zu immer der gleichen Zeit und zwei Abendgespräche im Monat an einem möglichst immer gleichen Tag – einmal zu einem Thema, einmal zu einem Bibeltext. Bestimmte öffentliche oder kulturelle Aktivitäten, die mit bestimmten Personen verbunden sind, treten hinzu.

Das Vorhaben soll das sein, als das es wirkt: Konzentration, die nicht von der Nutzung des Angebotes durch Interessen und von der Finanzierbarkeit abhängt, sondern auf, wenn man so will, klösterliche Weise in sich ruht.

Doch ist etwas anderes damit verbunden: Mission. Menschen, die zu der Kapelle kommen, vielleicht zum persönlichen Gespräch nach den Abendgebeten, oder zu denen sonst, vielleicht durch Kinder, ein Kontakt entsteht, wird nachgegangen: Mission. Sie ist der Auftrag auch in einer stillen nach innen gerichteten Form von Dienst und Kirche. Um der Menschen willen, die Gott begegnen und in seinem Wort ihr Leben finden sollen. Um der Gemeinde willen, die in der Mission ihren Ursprüngen neu und frisch begegnet.

Eins leistet die Mission nicht. Mitgliederzuwachs. Einmal, weil sie nicht aufwiegt, was immer noch am traditionellen Rand abbröckelt. Zum anderen, weil nach meiner Erfahrung Mission nicht in großen Gruppen gelingt. Die Kirche ist keine Privatgemeinschaft; aber sie kann doch nur durch einzelne Personen wirken. Ihrer öffentlichen Ausstrahlung und zahlenmäßig erheblichen Missionierungen ist damit eine Schranke gesetzt; die Offenheit derer, die in ihr wirken, ist dennoch eine Unerläßlichkeit.

Für den Weg der Kirche muß gewählt und entschieden werden: einen großen Möglichkeitsraum mit Chancen öffentlicher

Präsenz vorhalten oder ein Stück davon Wirklichkeit werden lassen und auf anderes verzichten. Wahl und Entscheidung befreien, und sie tun weh. Einmal fragte mich ein der Kirche in Wärme verbundener Mann, ob in einem bestimmten Dorf wirklich jeden Sonntag Gottesdienst sei. Ja! Wie schön, war seine Antwort. Nur: Er ging nicht hin. Vielleicht war die Kirche für ihn so etwas wie der Waldrand, auf den man abends von der Veranda blickt, beruhigt davon, wie er den Horizont abschließt und die Welt ordnet, von Orientierungskraft. In der Tat, der Wald bleibt stehen, auch wenn ihn niemand betritt. Er bedarf einer gewissen Hege, wenn auch nur durch wenige. Manche indes möchten den Wald aufsuchen. Man sollte ihnen nicht zum Vorwurf machen, daß sie sich dabei eine Weile von denen entfernen, die sich seiner von weitem erfreuen. Der Waldrand und die Kirche – sie helfen zur Orientierung. Aber irgendwann kommt der Tag, den dort beginnenden Weg in die Freiheit wirklich zu gehen. Dann stehen Entscheidungen an.

DIE MANNHEIMER THOMASMESSE: SAMSTAG IM QUADRAT – DER ETWAS ANDERE GOTTESDIENST

Ein Werkstattbericht

Ulrich Fischer

Mit einem Traum fing es an. Mit einem Traum von einem lebendigen, fröhlichen Gottesdienst unter aktiver Mitbeteiligung vieler Menschen. Mit einem Traum von einem Gottesdienst für Menschen, die auf der Suche sind. Mit einem Traum von einem Gottesdienst für die Großstadt.

Eine Ideenbörse

Diesem Traum folgten Ideen, zunächst Anregungen durch ein Video über eine finnische Thomasmesse, das zwei Mitarbeiter von einem Workshop des VELKD-Gemeindekollegs aus Winsen/Luhe mitbrachten, wenig später Impulse durch ein auf einem Kongreß der Geistlichen Gemeindeerneuerung gehaltenes Referat von Pfarrer Dr. Douglass (Niederhöchstadt) über »sucherorientierte Gottesdienste«. Als dann auf eine Einladung zu einer Ideenbörse »Neue Gottesdienste für die Stadt« fast 50 ehrenamtlich und hauptamtlich Mitarbeitende der evangelischen Kirche Mannheim kamen, um Anregungen für neue Gottesdienstformen zu erhalten, da begann sich der Traum in konkrete Ideen zu transformieren. Das während der Ideenbörse in der Form eines »stummen Gespräches« initiierte Brainstorming brachte in stürmischem Nachdenken zahlreiche Ideen für neue Gottesdienstformen zutage, die sich folgendermaßen klassifizieren lassen:

Ein großer Stellenwert wurde der *Liturgie* im Gottesdienst eingeräumt. Aus der Vielzahl der Vorschläge ist die Absicht abzulesen, den Gottesdienst als ein liturgisch gestaltetes Gesamtkunstwerk zu begreifen, der Raum für vielfältige Gotteserfahrungen bietet. Aus den einzelnen Anregungen sind folgende besonders zu erwähnen:

– Durch ein musikalisches »Vorprogramm« in der Kirche auf den Gottesdienst einstimmen
– Rituelle Verfestigung vermeiden, neue liturgische Gesänge verwenden
– Mehr Bewegungselemente im Ablauf, auch das Klatschen während der Liturgie ermöglichen
– Ruhe und Fröhlichkeit im Gottesdienst auch ganzheitlich ausdrücken: Alle AkteurInnen im Gottesdienst sollen durch farbige Halstücher erkennbar sein, der/die leitende Geistliche sollte einen weißen Talar tragen
– Moderne Bibelübersetzungen bei den Schriftlesungen verwenden, Schriftlesungen immer einleiten bzw. kurz kommentieren
– Neue Glaubensbekenntnisse in heutiger Sprache verwenden
– Abendmahlsfeiern in freierer Form gestalten, alkoholfreies Abendmahl unter Einbeziehung der Kinder
– Salbung und Segnung für einzelne anbieten und Möglichkeiten zur persönlichen Beichte und Seelsorge schaffen

Grundsätzlich wurde eine schlüssige Zuordnung der verschiedenen Liturgieelemente als wichtig angesehen und die Notwendigkeit betont, durch eine »liturgische Moderation« ruhig und sicher durch den Gottesdienst zu führen, so daß Unsicherheiten bei Kirchenfernen abgebaut werden können. Die liturgische Sprache sollte von Kirchenfernen nachvollziehbar und sorgfältig gewählt sein (keine saloppe, aber auch keine »fromme Sprache«). Ferner schien es unverzichtbar, eine verläßliche und wiedererkennbare liturgische Grundstruktur zu gewinnen, die Spielräume liturgischer Gestaltung eröffnet und begrenzt.

Das *Gebet* als Akt der Hinwendung zu Gott wie auch der Selbstfindung sowie als gemeinsames Handeln der christlichen Gemeinde wurde als zentraler Bestandteil des Gottesdienstes hervorgehoben, wobei heute von einem einheitlichen Gebetsverständnis nicht ausgegangen werden kann, sondern vielmehr eine individuell geprägte Ausdifferenzierung festzustellen ist, der in einem Gottesdienst Rechnung getragen werden sollte. So wundert es nicht, daß verschiedenartigste Vorschläge zur Gestaltung des Gebets im Gottesdienst gemacht wurden:

- Gebet der Verantwortlichen vor jedem Gottesdienst als Fürbitte für den Gottesdienst
- Gebete im Gottesdienst sollten Anliegen der Gemeinde oder persönliche Anliegen einzelner Gemeindeglieder aufnehmen, diese Gebetsanliegen sammeln und im Gottesdienst vortragen
- Es ist Raum für das stille Gebet zu gewähren, Zeit für Gebete vor »Seitenaltären«
- Gebete in unterschiedlicher Körperhaltung ermöglichen, gesungene und getanzte Gebete, Bilder und Gegenstände ins Gebet einbringen
- Gebete durch liturgische Stücke gliedern und mit ruhiger Musik unterlegen
- Fürbitten zu aktuellen Anlässen: Gebete aus oder mit der Zeitung, Pinnwand für Fürbitten aus der Gemeinde oder Gebetszettel für Gebetswünsche, Kummerkasten und Klagemauer

Ganz eindeutig wurde ein großes Interesse artikuliert, im Gottesdienst durch die Ermöglichung unterschiedlicher Gebetspraktiken einerseits der festzustellenden Individualisierung und Pluralisierung des Gebetsverständnisses Rechnung zu tragen, andererseits durch das Einüben verschiedener Gebetspraktiken neue Zugänge zum Gebet und damit zum Glauben zu eröffnen.

Einigkeit bestand darüber, daß der *Musik* im Gottesdienst eine besondere Bedeutung zukommt, denn im gemeinsamen gottesdienstlichen Singen können Menschen zusammengeführt und neue Glaubenserfahrungen erschlossen werden. Hinsichtlich der auszuwählenden Literatur und der Gestaltung musikalischer Elemente gab es zahlreiche Anregungen:

– Ausgedehnte Lobpreisteile mit Anbetungsliedern
– Mischung aus alten und neuen Liedern
– Lieder mit Bewegung und Tanz
– Gospels und Spirituals
– Neue Texte zu alten Liedern, neue Melodien zu alten Texten
– Meditative Musik, Musik zum Nach- und Weiterdenken (auch als Predigtunterbrechung, -begleitung und -weiterführung)
– Mehrstimmiges Singen
– Popsongs und Rockmusik verschiedenster Art
– Grundsätzlich im Stehen singen und im Sitzen beten
– Auf die Anfertigung von Gottesdienstablaufblättern verzichten, Liedtexte auf eine Leinwand projizieren

Fast durchgehend wurde das Orgelmonopol in evangelischen Gottesdiensten problematisiert. Statt dessen wurden eine Kombination der Orgel mit Rhythmus- und anderen Instrumenten, der Einsatz von Gitarre, Saxophon, Flöte, Schlagzeug, E-Piano, Klavier oder Keyboard und die Mitwirkung eines Ansingechors oder einer christlichen Band vorgeschlagen. Deutlich wurde, wie stark evangelische Gottesdienste durch eine bestimmte kirchenmusikalische Tradition geprägt sind, die heute vielen Menschen, vor allem Kirchenfernen, nicht mehr zugänglich ist.

Immer wieder ging es um die Frage, wie die *Verkündigung* im Gottesdienst lebendig und lebensnah gestaltet werden kann. Gefordert wurde:

– Nicht zu viele Fachbegriffe, kein klerikaler Stil, nicht nur theologische Auslegungen, sondern praktische Ratschläge und Hilfen für den Alltag
– Die PredigerInnen sollen eigene Zweifel ebenso erkennen lassen wie eigene Glaubensüberzeugungen, auch Selbsterlebtes soll Predigtinhalt sein
– Die Predigt soll missionarisch-evangelistisch oder evangelisch werbend ausgerichtet sein, nicht mit erhobenem Zeigefinger, sondern mit Ermutigung zum Christsein, orientiert zugleich an der Bibel wie auch an den Problemen der kirchlich Distanzierten
– Die Verkündigung soll lebendig und von einem fröhlichen Grundton geprägt sein

Hinsichtlich der Form der Predigt stand die Forderung im Vordergrund, mehrere kurze Predigtbeiträge durch (meditative) Musik zu unterbrechen oder durch den Einsatz von darstellerischen Elementen »anzureichern«. Als Predigtort wurde die Kanzel deutlich abgelehnt, vielmehr gefordert, das dialogische Element in der Verkündigung zu verstärken und Fragen, Meinungen, Antworten von Gemeindegliedern während oder nach der Predigt einzubeziehen. In alledem wurde deutlich, daß die Bereitschaft und Fähigkeit zum Hören einer ca. 15minütigen monologischen Predigt immer weniger vorhanden ist und daß dies auch Konsequenzen für die Weiterentwicklung evangelischer Predigtpraxis haben muß.

Schließlich galt das Nachdenken auch *organisatorischen Fragen*, die bei der Durchführung eines Gottesdienstes für Suchende zu beachten sind. Als zentrale Fragen wurde erörtert, wie es gelingen kann, zum einen die gottesdienstliche Atmosphäre durch organisatorische Maßnahmen kommunikativ zu gestalten und zum anderen durch Maßnahmen der Öffentlichkeitsarbeit kirchlich Distanzierte mit einem neuen gottesdienstlichen Angebot zu erreichen. Vorgeschlagen wurden:

– Offene, einladende Atmosphäre schaffen durch persönliche Begrüßung am Eingang
– Den Kirchenraum durch Beleuchtung mit Kerzen und das Schmücken mit Blumen festlich ausgestalten und eine zur Kommunikation einladende Sitzanordnung wählen (weg von festen Sitzbänken!)
– Für die Gottesdienste Themen wählen, die Menschen der verschiedenen Altersgruppen ansprechen; mit Handzetteln, Plakaten und in der Lokalpresse unter Angabe des Themas zu den Gottesdiensten einladen
– Andere Gottesdienstzeiten wählen, die dem veränderten Freizeitverhalten entsprechen, die Länge des Gottesdienstes (ca. 2 Stunden) vorher bekanntmachen

Als ein wesentliches Ergebnis war festzuhalten, daß für die Vorbereitung und Durchführung von Gottesdiensten, die diesen Ansprüchen genügen sollen, neue Leitungs- und Organisationsstrukturen zu entwickeln sind, denn solche Gottesdienste sind nur plan- und durchführbar unter großer Beteiligung vieler MitarbeiterInnen.

Erste Folgerungen und Planungen

Die Ergebnisse dieser überaus erfreulichen Ideenbörse galt es nun in eine Form umzusetzen, die große Gestaltungsspielräume offenläßt und gleichzeitig liturgisch überzeugend und plausibel erscheint. Bei diesem Versuch der Umsetzung waren einerseits die Berichte über die finnische Thomasmesse hilfreich, zum anderen ein Blick auf die Grundstruktur des evangelischen Gottesdienstes nach der Erneuerten Agende. So entstand ein Gottesdienstmodell, das die Chancen der finnischen Thomasmesse nutzt, zugleich aber an die vertraute, überkommene Gottesdienststruktur in der Evangelischen Landeskirche in Baden anknüpft. Mit Rücksicht auf die Situation in der Kurpfalz, in der der Begriff der »Messe« ausschließlich katholisch besetzt ist, wurde auf den Titel »Thomasmesse« verzichtet; vielmehr wurde in Anspielung auf die »Quadrate-Struktur« der Mannheimer Innenstadt (dort gibt es keine Straßennamen, sondern die Quadrate A–U) und auf die Lage der dortigen Trinitatiskirche für diesen sucherorientierten Gottesdienst der Titel »Samstag im Quadrat – Der etwas andere Gottesdienst« gewählt. Als Gottesdienstzeit wurde samstags 18–20 Uhr gewählt, wobei dieser Gottesdienst einmal monatlich stattfinden sollte.

In organisatorischer Hinsicht war es notwendig, für die einzelnen Arbeitsbereiche Teams zu bilden, deren LeiterInnen dann im Trägerkreis (1 Theologe, 5 NichttheologInnen) zusammenarbeiten sollten. So kam es zur Bildung von 5 Arbeitsgruppen, die eigenverantwortlich und dennoch eng aufeinander bezogen jeden Gottesdienst vorbereiten. Die Aufgabenstellungen dieser 5 Arbeitsgruppen und des Trägerkreises ergeben sich aus dem einvernehmlich verabredeten liturgischen Grundraster des Gottesdienstes (s. u.). Die *Arbeitsgruppe »Liturgie«* hat den Eingangsteil des Gottesdienstes liturgisch vorzubereiten, die Auswahl der Schriftlesung und des Glaubensbekenntnisses vorzunehmen sowie die Gestaltung des Abendmahls durchzuführen und bei der Abendmahlsausteilung mitzuwirken; der Leiter dieser Arbeitsgruppe ist zugleich der liturgische Moderator des Gottesdienstes. Die *Arbeitsgruppe »Gebet und Seelsorge«* sorgt für den Aufbau und die inhaltliche Gestaltung der Gebetsstationen (»Seitenaltäre«) für die Zeit der Stille, wirkt während dieser Zeit im seelsorgerlichen Gespräch und bei Segnungen mit, bereitet – unter Aufnahme persönlicher Fürbittanliegen aus dem Gottesdienst – das Dank- und Fürbittgebet zum Schluß des Gottesdienstes vor und nimmt die aufgeschriebenen persönlichen Fürbittanliegen in ihre Gebetsgemeinschaft auf. Aufgabe der *Arbeitsgruppe »Musik«* ist die Auswahl der zu engagierenden Musikgruppen, die Absprache der

Liedauswahl gemäß der thematischen Vorgabe und die organisatorische Vorbereitung des Einsatzes der Musikgruppe (Beschallung, Probe usw.). Die *Arbeitsgruppe »Verkündigung«* wählt die PredigerInnen (zumeist eine/n ordinierte/n Theologen/in und eine/n Ehrenamtliche/n) für die Gottesdienste aus, spricht mit ihnen die Predigttexte ab, sorgt für die Einhaltung der zeitlichen Vorgaben (beide Predigtteile zusammen möglichst nicht über 15 Minuten) und bereitet das »Kreuzverhör« mit den PredigerInnen während des Gottesdienstes vor. Die *Arbeitsgruppe »Organisation«* schließlich leistet einen großen Teil der Öffentlichkeitsarbeit, richtet den Kirchenraum her und besorgt das Kopieren der Liedtexte bzw. deren Projektion während des Gottesdienstes. Aufgabe des *Trägerkreises* ist es, die Arbeit der 5 Arbeitsgruppen zu koordinieren und auch in regelmäßigen Abständen ein Treffen aller Arbeitsgruppenmitglieder durchzuführen, um mögliche Veränderungen hinsichtlich der Gottesdienstgestaltung zu diskutieren und vor allem um die Themen für die Gottesdienste des kommenden Jahres festzulegen.

Hinsichtlich der Öffentlichkeitsarbeit waren neue Wege zu beschreiten, wenn wirklich kirchlich Distanzierte erreicht werden sollten. So wurden ein Plakat und ein Handzettel entworfen, mit denen zu jedem Gottesdienst breit gestreut eingeladen wird (Plakatierung in Geschäften und Gemeinden, am Veranstaltungstag Verteilung von Handzetteln und Aufstellung von Plakatständern auf dem Mannheimer Marktplatz). Der Handzettel bietet zugleich einen Überblick über die Termine aller Gottesdienste »Samstag im Quadrat« während des laufenden Jahres und auch aller Themen dieser Gottesdienste. Der Wahl dieser Gottesdienstthemen kam eine besondere Bedeutung zu, denn diese Themen sollen einerseits nicht maktschreierisch sein, dennoch müssen sie kurz und bündig suchende Menschen ansprechen. Hier eine kleine Auswahl der für Mannheim gewählten Themen:

Wagnis Leben
Liebe auf Zeit
Gerechtigkeit – gibt's die? (zum Kirchentag 1997)
Wer bin ich?
Erfolg um jeden Preis?
Alles nur Zufall? (Vorabend des Totensonntags)
Was bringt's (Vorweihnachtszeit)
Ein bißchen wie sterben (Passion)
Wer's glaubt, wird selig
Nur ein Single?
Sie haben die Wahl (vor der Bundestagswahl)
Wahrheit und/oder Märchen (Weihnachten)

Die liturgische Grundstruktur

Möglichst viele Anregungen der Ideenbörse sollten aufgenommen und in eine verbindliche liturgische Grundstruktur eingefügt werden, die einen verläßlichen Rahmen für jede Gottesdienstvorbereitung abgibt. Das für die Mannheimer Thomasmesse entwickelte liturgische Grundraster sieht folgendermaßen aus:

Einstimmung (Warming up)

– Vor dem Gottesdienst Treffen eines Gebetsteams: Fürbitte für den Gottesdienst
– Freundliche Begrüßung der GottesdienstbesucherInnen an der Kirchentür
– Einstimmender Liedteil zum Mitsingen (max. 15 Minuten); hier besteht auch die Gelegenheit, neue Lieder anzusingen
– Begrüßung in nichtliturgischer Sprache
– Ansagen zum Ablauf des Gottesdienstes – Vorstellen der Akteure des Gottesdienstes
– Eingangslied, das zum Thema des Gottesdienstes hinführt

Eröffnung und Anrufung

Votum (auch als entfaltetes Votum)
Psalm
– Gemeinsam od. im Wechsel gesprochener Psalm
– Psalm mit Aktualisierungen
– Psalmgesang des Chores
– Psalmlied der Gemeinde
– Moderne Psalmdichtung
– Moderne Psalmübertragung oder -übersetzung
abgeschlossen durch
- einen Kehrvers
- einen Taizé-Gesang
- einen Kanon
- das Gloria patri

Eingangsgebet
Gebet für den Gottesdienst, zugleich ein Gebet, in dem sich die GottesdienstbesucherInnen öffnen können (»Garderobengebet« = Gebet, in dem abgelegt werden kann, was die BesucherInnen mitbringen)
Lied
An dieser Stelle wären evtl. auch Taufen einzufügen.

Verkündigung und Bekenntnis

Schriftlesung in moderner Bibelübersetzung, auf die nachfolgende Verkündigung ausgerichtet

Verkündigungsteil
– In jedem Fall Verkündigung durch zwei Personen und in zwei Abschnitten (dazwischen u. U. instrumentale [?] Musik)
– Alltagsbezug der Verkündigung (alltägliche Sprache, Beispiele aus der Alltagswelt, Anweisung für die Umsetzung im Alltag)

– Einsatz anderer Verkündigungsformen: nicht nur mit Worten predigen

Zwei Lieder als Vorbereitung auf das »Kreuz-Verhör«

Predigtnachgespräch »Kreuz-Verhör«
GottesdienstbesucherInnen haben die Möglichkeit, Fragen an die PredigerInnen auf Zettel zu schreiben. Aus diesen Zetteln werden 4–5 Fragen ausgewählt. Der Liturg stellt den PredigerInnen diese Frage, sie haben jeweils 50 Sekunden Zeit zur Beantwortung. Ein Trommelwirbel unterbricht die Antwortenden.

Lied

Glaubensbekenntnis

– Apostolisches GB (von einer Person gesprochen)
– Apostolisches GB mit aktualisierenden Erweiterungen
– Glaubensbekenntnis in heutiger Sprache
– Glaubenslied
– persönliches Bekenntnis eines Menschen

Entfaltete Gebetszeit (mit Stille im Kirchenraum)
– Hinführung zum Gebet durch den/die Liturgen/in
– Gelegenheit zu differenzierter Gebetspraxis an verschiedenen Gebetsstationen (»Seitenaltären«)

Lobpreisteil mit modernem Liedgut (4–5 Lieder)

Abendmahl

Gabendarbringung – Präfation (Vorrede)

Sanctus-Gesang
– traditionell
– Taizé-Sanctus
– Lobpreislied
– Choral

Einsetzungsworte (in narrativer Form) – Friedensgruß

Einladung mit besonderem Hinweis auf die Freiwilligkeit der Abendmahlsteilnahme und auf die Einladung an die Kinder

Austeilung in Wandelkommunion mit zwei Ausgabestellen (Wein und Saft)

Sendung und Segen

Dank- und Fürbittgebet; persönliche Anliegen
– Fürbitten aus dem großen Gebetsteil aufnehmen

Vaterunser – Lied – Abkündigungen/Ansagen – Segen – Musik zum Ausgang

Die liturgische Moderation

Besondere Bedeutung kommt bei der praktischen Ausformung dieses liturgischen Grundrasters der liturgischen Moderation zu, mit der die einzelnen liturgischen Bausteine miteinander verbunden werden. Durch diese Moderation können Kirchenferne den inneren Duktus des Gottesdienstes nachempfinden, auch wenn sie gottesdienstlich ungeübt sind. Einige Beispiele einer ausgeführten liturgischen Moderation seien hier wiedergegeben. Sie sind entnommen einem Gottesdienst zum Thema »Wer bin ich?«

Ab ca. 17.40 Uhr: Warming up = Einstimmender Liedteil der Musikgruppe, nach dem Glockenläuten um 18 Uhr; Begrüßung mit Ansagen zum Ablauf des Gottesdienstes:
Nach einem Eingangsteil, mit dem wir uns in den zweistündigen Gottesdienst einstimmen, folgt der Verkündigungsteil, den heute NN und NN gestalten. Im Anschluß an die Verkündigung haben Sie die Gelegenheit, Fragen an die PredigerInnen zu stellen – kurz und bündig wie in einem Kreuzverhör. Es schließt sich ein Gebetsteil mit einer ausgedehnten Zeit der Stille an; und wir schließen mit der Feier des Abendmahlsteil, zu der Sie alle eingeladen sind.
Natürlich sind Kinder in diesem Gottesdienst wieder herzlich willkommen. Für die ganz Kleinen wird eine Kinderbetreuung im hinteren Teil der Kirche angeboten. Die Älteren sind eingeladen zum Kindergottesdienst, den heute ein Team unter Leitung von NN gestalten wird. Die Kinder, die an diesem Kindergottesdienst im Gemeindehaus teilnehmen wollen, werden wir vor dem Verkündigungsteil hier verabschieden. Vor dem Abendmahl werden sie dann wieder zu uns in die Kirche kommen. Nun wünsche ich uns einen gesegneten Gottesdienst, auf den wir uns einstimmen mit dem Lied »Vergiß es nie«.

Hinführung zum Psalm: »Wer bin ich?« Diese Frage haben wir als Thema über diesen Gottesdienst gestellt. »Wer bin ich?« Diese Fragen stellen sich Menschen immer wieder, wenn sie über ihr Leben nachdenken. In einer besonderen Situation seines Lebens hat Dietrich Bonhoeffer sich diese Frage gestellt, als er im Gestapo-Gefängnis gefangen war und seiner Verurteilung entgegensah. Hören wir seine Fragen und seine Antwort:

Psalm: Dietrich Bonhoeffer, Wer bin ich?
anschließend Eingangsgebet zum Thema des Gottesdienstes

Überleitung zur Schriftlesung: Wenn Menschen sich die Frage

stellen, wer sie sind, dann erforschen sie sich selbst und horchen in sich hinein. Und dabei können sie feststellen, daß sie die Frage »Wer bin ich?« nicht beantworten können, ohne sich in eine Beziehung zu anderen zu setzen. Wer wir sind, das erkennen wir aus unserem Gegenüber zu anderen. Das erkennen wir aus unserem Gegenüber zu Gott. Hören wir, wie Paulus im 8. Kapitel des Römerbriefes beschreibt, wer wir vor Gott sind.

Schriftlesung: Röm 8,14–17 (Übersetzung »Gute Nachricht«)

Überleitung zur Verkündigung: »Wer bin ich?« Kein Mensch, der auf sich allein gestellt ist. Ich bin Gottes Kind. Das ist die Antwort unseres Glaubens. Hören wir, wie uns NN und NN diese Antwort nahebringen.

Hinführung zum Kreuzverhör: Während der nun folgenden zwei Lieder können Sie auf Zettel, die in Ihrer Bank liegen, eine Frage an die PredigerInnen schreiben. Die Helferinnen und Helfer werden Ihre Fragen einsammeln; vier dieser Fragen werden wir auswählen und an die PredigerInnen stellen. Sie werden dann jeweils 50 Sekunden Zeit haben, um wie in einem »Kreuzverhör« jeweils eine Frage zu beantworten. Weitere Antworten erhalten Sie dann von ihnen nach dem Gottesdienst.

Überleitung zum Glaubensbekenntnis: Im Glaubensbekenntnis sprechen wir aus, wer wir vor dem dreieinigen Gott sind.
Wer wir sind vor Gott, der uns liebt wie ein Vater und wie eine Mutter,
wer wir sind vor Jesus Christus, der uns befreit hat,
wer wir sind durch den Heiligen Geist, der uns als Schwestern und Brüder leben läßt.
So bekennen wir, wer wir vor Gott sind:

Hinführung zur entfalteten Gebetszeit: Wir wollen nun stillehalten, eine Zeit der Stille nutzen zum persönlichen Gebet.
Sie können auf Ihrem Platz sitzen bleiben und dort still für sich beten.
Sie können das stille Gebet zur vorbereitenden Beichte auf die Abendmahlsfeier nutzen.
Sie können aber auch eine der aufgebauten Gebetsstationen aufsuchen, um verschiedene Formen des Gebetes zu praktizieren.
Sie können auch das Gespräch mit Mitarbeiterinnen und Mitarbeitern unseres Gesprächs- und Gebetsteams suchen.
Ferner besteht hier vorn auch die Möglichkeit zur persönlichen Beichte.
Schließlich können Sie sich an den Stufen zum Altarraum segnen lassen.
Bitte orientieren Sie sich schweigend im Raum, und suchen Sie diejenige Form des Gebets, die Ihnen heute abend entspricht.
Wenn Sie die Zeit der Stille nicht zum persönlichen Gebet nutzen, sondern lieber mit anderen Menschen sprechen wollen, gehen Sie bitte vor die Kirchentür. Bitte schließen Sie aber hinter sich die Kirchentür, damit die Gespräche vor der Tür hier drinnen nicht zu laut zu hören sind.
Die Musik wird Sie wieder in den Kirchenraum zurückrufen und uns zum gemeinsamen Singen sammeln.
Gebet: Gott, wir kommen zu dir mit unseren Fragen. Dich fragen wir, wer wir sind. Laß du uns Antworten finden, die uns weiterhelfen und die uns tragen. Amen

Lied: Er hört dein Gebet (leitet hinüber in die Stille)

Stille (12 Minuten!)

Präfation

Es ist würdig und recht, daß wir dir, Gott, Dank sagen. Denn in

Jesus Christus hast du uns gezeigt, wer wir sind: Menschen, die aus deiner Liebe leben dürfen; Menschen, die auf deine Gnade angewiesen sind: Deine geliebten Kinder. Darum stimmen wir dir mit allen deinen Menschenkindern und mit allen Schwestern und Brüdern im Glauben einen Lobgesang an und bekennen ohne Ende:

Sanctus-Gesang: Sanctus-Kanon aus Taizé,

Einsetzungsworte
Wir werden nun das Mahl des Friedens halten. Durch Jesus, unseren Bruder, schloß Gott Frieden mit uns, so daß wir Gottes Kinder heißen und es auch sind. Im Mahl des Friedens läßt er uns seine Liebe schmecken, die uns als seine Kinder leben läßt. Ich erinnere euch daran: Es war die Nacht, in der sie ihn gefangennahmen. In dieser Nacht kam Jesus mit seinen Freunden zusammen. Das Mahl war bereitet. Da nahm er das Brot und sprach das Dankgebet. Dann brach er es und sprach: Nehmet und esset, das ist mein Leib. Er wird für euch gegeben. Solches tut zu meinem Gedächtnis.
Dann haben sie gegessen. Nach der Mahlzeit nahm er den Kelch, sprach das Dankgebet und sagte: Trinket alle daraus, dieser Kelch ist der neue Bund in meinem Blut, das für euch vergossen wird zur Vergebung der Sünden. Tut dies, so oft ihr's trinket, zu meinem Gedächtnis.

Friedensgruß
So machte er Frieden mit uns durch den neuen Bund mit Gott. So wollen wir uns einander ein Zeichen des Friedens geben: ein gutes Wort – eine freundliche Zuwendung – ein Händedruck – eine Umarmung – ein Kuß. Friede sei mit euch.

Mit der für Mannheim entwickelten Form der Thomasmesse wurde ein Gottesdienst entwickelt, der einerseits bewußt an die Form des überkommenen evangelischen Gottesdienstes anknüpft, der aber durch den Verzicht auf respondierende liturgische Formeln, die ein Vertrautsein mit dieser Gottesdienstform voraussetzen, durch die Verwendung des weißen Talars als liturgischem Gewand, durch den Verzicht auf den Einsatz der Orgel und durch die Einführung einer die Mitbeteiligung aller GottesdienstbesucherInnen ermöglichenden offenen Gebetszeit besondere Akzente setzt. Die Stärken dieses für Mannheim entwickelten Modells eines sucherorientierten Gottesdienstes im Stil der Thomasmesse sind zusammenfassend mit einigen Stichworten zu benennen:

- Liturgische Gestaltung in nicht-hochkirchlicher Sprache
- Verständliche und Außenstehende ansprechende Verkündigung
- Neue musikalische Impulse
- Gebetszeiten mit Raum für eine individuell ausgefüllte Gebetspraxis
- Thematische Ausrichtung des Gottesdienstes
- Aufnahme konzeptioneller Überlegungen der finnischen Thomasmesse sowie von Entwicklungen im Bereich der charismatisch geprägten Gottesdienste

Voraussetzung für das Gelingen des Konzepts der Thomasmesse ist es, daß sich im Trägerkreis und in den einzelnen Arbeitsgruppen Menschen zusammenfinden, die bereit sind, sich auf einen gabenorientierten Prozeß der Gottesdiensterneuerung einzulassen. Die Mannheimer Erfahrung lehrt, daß es hierbei zu völlig neuen Formen der Zusammenarbeit kommen kann, bei der Gemeindegrenzen ebensowenig eine Rolle spielen wie verschiedene Frömmigkeitsstile. MitarbeiterInnen aus etwa 15 Mannheimer Gemeinden haben bisher in den Gottesdiensten »Samstag im Quadrat« mitgewirkt, und das Spektrum der hier eingebrachten Frömmigkeitsstile reicht von charismatisch und evangelikal bis hin zu volkskirchlich-liberal.

Die Resonanz auf die Mannheimer Thomasmesse war außerordentlich gut. Zum ersten Gottesdienst im April 1997 kamen etwa 350 GottesdienstbesucherInnen, bis 1998 hat sich die BesucherInnenzahl bei knapp 200 eingependelt – bei einem Altersdurchschnitt von ca. 40 Jahren. Eine Umfrage im Monat Januar 1998 zeigte, daß 3/5 der BesucherInnen häufig Gottesdienste besuchen, während 2/5 zu den kirchlich Distanzierten zu rechnen sind, die nur selten in den Gottesdienst gehen. Trotz dieses nicht unbefriedigenden Ergebnisses ist selbstkritisch festzustellen, daß Kirchenferne in ganz großer Zahl auch durch dieses Gottesdienstangebot nicht erreicht wurden.

Die Mannheimer Thomasmesse ist – obwohl einige wichtige Grundfragen geklärt sind – kein fertiges Produkt. Weitere Entwicklungen sind abzusehen und müssen bald eingeleitet werden. So hat sich das ständige Wechseln der Musikgruppen nicht immer als günstig erwiesen. Durch immer neue Gruppen sind immer neue Abstimmungen notwendig; auch sind die Kosten für die Musikgruppen auf Dauer nicht tragbar, denn eine Finanzierung dieser Kosten über die Kollekten der Gottesdienste (wie im ersten Jahr praktiziert) kann auf Dauer keine Lösung sein. Schließlich ist innerhalb der von den verschiedenen Gruppen musizierten Literatur zuwenig Kontinuität zu erkennen. Der Aufbau eines Chors, der alle Gottesdienste musikalisch gestaltet und dann regelmäßig auf »Stammlieder« zurückgreifen kann, wird angestrebt.

Schon jetzt wird bisweilen Kritik an der Thomasmesse laut, die auf die Einführung »katholischer« Elemente in diesem Gottesdienst abzielt. Protestantisches Selbstbewußtsein sollte sich jedoch nicht dadurch auszeichnen, daß Rituale einfach deshalb abgelehnt werden, weil sie katholisch geprägt sind. Vielmehr sind für die Mannheimer Thomasmesse noch Entwicklungen in Richtung einer weiteren Ritualisierung denkbar und notwendig: Die individuelle Segnung wurde im März 1998 erstmals vorgenommen, für die nahe Zukunft sollte auch die Salbung im Gottesdienst im Rahmen der offenen Gebetszeit angeboten werden. Mit Segnung und Salbung werden nicht nur urchristliche Praktiken wiederbelebt, mit ihnen wird auch in biblisch verantwortbarer Weise auf das Bedürfnis vieler Menschen nach Spürbarmachung göttlichen Segens angesichts der Unüberschaubarkeit und Verletzlichkeit von Leben reagiert.

Die große Stärke des Konzepts der Thomasmesse ist der gabenorientierte Ansatz, der eine bisher kaum gekannte Mitwirkungsmöglichkeit vieler Ehren- und Hauptamtlicher in jedem Gottesdienst möglich macht. Die Thomasmesse bietet die ungeheure Chance, Mitarbeitende ihren Gaben gemäß einzusetzen und in einem produktiven Miteinander von Haupt- und Ehrenamtlichen die Gottesdienstplanung und -durchführung vorzunehmen, wobei durch die überschaubare Verantwortlichkeit, die alle einzelnen übernehmen, einer Überforderung vorgebeugt wird. Es ist deshalb zutreffend, die Thomasmesse als ein wichtiges Feld zur Einübung des Priestertums aller Gläubigen zu begreifen, als eine Chance, NichttheologInnen als MitarbeiterInnen im gottesdienstlichen Geschehen wirklich ernst zu nehmen. Dieses Ernstnehmen erfordert allerdings auch von den PfarrerInnen das Annehmen einer neuen Rolle, denn im Team der Thomasmesse werden sie zu AnleiterInnen, zu ModeratorInnen und müssen auf das Monopol priesterlicher Kompetenz verzichten – ein wichtiger Lernprozeß, dem gerade in einer protestantischen Kirche nicht ausgewichen werden sollte!

DAS EVANGELISCHE MÜNCHEN-PROGRAMM
Ein Erfahrungsbericht

Martin Bogdahn

Vorbemerkung

Wie kann die Arbeit der evangelischen Kirche in München verbessert werden? Das war die Grundfrage und Voraussetzung einer intensiven Zusammenarbeit zwischen dem evangelischen Dekanat München und der Unternehmensberatungsfirma McKinsey & Company, Inc.

Ende Juli 1996 wurde das »Evangelische München-Programm« als Ergebnis der Untersuchung über die Arbeit der evangelischen Kirche in München vorgestellt. Die öffentliche Resonanz war überraschend groß und reichte weit über München hinaus. Die einen sahen in dieser ungewöhnlichen Kooperation eine unheilige Allianz zwischen Kirche und Wirtschaft. Für andere war dies das ersehnte Ende dilettantischer Reformversuche in der Kirche und der Anstoß zu längst fälligen Veränderungen unter Zuhilfenahme moderner Beratungsmethoden. Bis heute ist das Interesse an den Ergebnissen des München-Programms ungebrochen.

Ziel des München-Programms ist, die evangelische Kirche in München für die Menschen von heute wieder attraktiv und bedeutsam zu machen. Der Hebel wird nicht bei irgendwelchen Erscheinungsformen der Kirche angesetzt, sondern bei der Erfüllung des kirchlichen Auftrags. Es geht also beim München-Programm nicht um kosmetische Veränderungen, sondern um die grundlegenden Aufgaben und Ziele der Kirche. Das Hauptinteresse des München-Programms ist dabei nicht, kirchliche Arbeit vordergründig effizienter oder effektiver zu gestalten, wie das viele mit dem Namen McKinsey verbunden haben. Vielmehr geht es darum, sich zu vergegenwärtigen, wie Zeit, Kraft und Geld möglichst gut eingesetzt werden. Schließlich gilt es schon als bedenklich, wenn Geistliche in Großstadtgemeinden wegen zu vieler Gremien und Verwaltungsaufgaben nicht mehr zu Seelsorgegesprächen kommen. Das Ziel des München-Programms besteht auch nicht darin, was viele ebenfalls mit McKinsey verbinden, Personal abzubauen oder Stellen zu streichen. Im Gegenteil: Die Untersuchung hat ergeben, daß zusätzliche Stellen mit neuen Funktionen nötig sind, die durch Umwidmung oder Neuerrichtung geschaffen worden sind oder noch geschaffen werden.

Der Anstoß zum München-Programm kam durch den Münchner Direktor von McKinsey, Dr. Peter Barrenstein, der zugleich Kirchenvorsteher in einer Gemeinde im Süd-Osten Münchens ist. Er hat die Dienste seines Unternehmens der Kirche pro bono angeboten, d. h., es sind für die Kirche keine Beratungskosten angefallen. Auch die Veröffentlichung der Ergebnisse geschah nicht auf Initiative von McKinsey, sondern im Interesse der Kirche, da Mitarbeitende und Mitglieder ein Recht haben, umfassend und gut über so einen gravierenden Veränderungsprozeß wie das München-Programm informiert zu werden.

Gearbeitet am München-Programm hat ein Team aus Leuten von McKinsey und der Evangelischen Kirche (Haupt- und Ehrenamtliche). Mit ihren je unterschiedlichen Kompetenzen und Hintergründen haben sie das München-Programm entwickelt und ihm damit auch ein eigenständiges Profil gegeben. Es handelt sich also beim München-Programm keineswegs um McKinsey-Thesen, die der Kirche einfach übergestülpt wurden.

DAS EVANGELISCHE MÜNCHEN-PROGRAMM UMFASST DREI PHASEN:

Analyse-Phase:
Dabei wurden Zahlen und Informationen über die evangelische Kirche gesammelt und aufbereitet. Diese Phase diente dazu, Grundprobleme der kirchlichen Arbeit zu erkennen, herauszukristallisieren und zu benennen.

Ergebnis-Phase:
Hier wurden Lösungen und Strategien entwickelt, wie die evangelische Kirche angesichts erkannter Schwächen den Herausforderungen der nächsten Jahre begegnen kann. Die Ausführungen in diesem Aufsatz beziehen sich weitgehend auf die Ergebnisse dieser Phase, die im Juli 1996 abgeschlossen wurde. Damit endete auch die Kooperation mit McKinsey.

Umsetzungs-Phase:
Derzeit wird das München-Programm mit 18 Gemeinden des Dekanats München modellhaft umgesetzt. Die Instrumentarien des München-Programms werden erprobt und auf Grund gewonnener Erfahrungen weiterentwickelt. Drei neue Stellen sind eingerichtet worden, damit dieser Prozeß am Laufen gehalten werden kann: Zwei Theologen sind auf Stabsstellen FEB (Forschung, Entwicklung, Beratung) zur Umsetzung des Angebots-Konzeptes beim München-Programm eingesetzt, ein Controller arbeitet Zahlenmaterial als Entscheidungshilfe für innerkirchliche Entscheidungen auf. Die Errichtung einer Stelle für Mitarbeiter-Entwicklung steht noch aus. In der Umsetzungs-Phase hat sich manches als mühsamer erwiesen als gedacht. Die Euphorie und Hoffnung auf schnelle Verbesserung sind der Erkenntnis gewichen, daß Veränderungen, die am Selbstverständnis und an liebgewordenen Gewohnheiten in der Kirche rütteln, Zeit brauchen.

Das evangelische München-Programm lenkt das Augenmerk auf den Auftrag der Kirche, der sich als Kommunikation des Evangeliums zusammenfassen läßt: Die Botschaft von der Liebe Gottes soll den Menschen von heute nahegebracht werden. Das hat drei Aspekte: Die Kirche soll zum einen die christliche Botschaft von der Liebe Gottes verkündigen und den Menschen damit ein Wertesystem anbieten als Impuls zu einem verantwortlichen Leben. Die Kirche soll zudem zeichenhaft handeln, in Notsituationen handeln, die Schöpfung bewahren und einen Beitrag zur praktizierten Nächstenliebe leisten. Schließlich soll Gemeinschaft sowohl in der Kirche als ganzer als auch in den einzelnen Gemeinden erlebbar sein. Das München-Programm geht davon aus, daß der Auftrag der Kirche angesichts der gesellschaftlichen Veränderungen wichtiger denn je ist.

1. Die Bevölkerung wird sich in ihrem Altersaufbau problematisch verändern. Es wird immer mehr ältere Menschen geben. War 1960 noch ein Drittel der Bevölkerung jünger als 20, so wird im Jahr 2003 ein Drittel älter als 60 Jahre sein. Das wird Auswirkungen auf die finanzielle und gesellschaftliche Basis haben. Es wird unter den Altersgruppen einen zunehmenden Wettbewerb um gesellschaftliche und individuelle Relevanz und Aufmerksamkeit geben.

2. Der Arbeitsmarkt verändert sich. Die zunehmende Arbeitslosigkeit hat zur Folge, daß immer mehr Menschen Schwierigkeiten haben, ihre Position in dieser Gesellschaft zu finden und sich an Werten zu orientieren.

3. Die »kommunikative Revolution« ermöglicht zunehmend die Entstehung von Arbeitsplätzen außerhalb von Büros. Damit verändern sich auch die sozialen Beziehungen. An mögli-

cherweise weit auseinanderliegenden Orten arbeiten Menschen und kommunizieren vor allem über Fax, Telefon und PC. Das hat Auswirkungen auf die Fähigkeit und Möglichkeit zur direkten sozialen Interaktion.

4. Die sozialen Sicherungssysteme werden instabiler. Wer die Diskussion um die Krankenversicherung und die Renten verfolgt, dem ist bewußt, daß soziale Konflikte drohen, wenn die Schere zwischen Armen und Reichen noch weiter auseinanderklafft.

Der sich negativ verstärkende Regelkreis

Von ihrem Auftrag her wäre die Kirche verpflichtet, Stellung zu beziehen, Antworten zu suchen und Orientierung zu geben. Die Untersuchung des München-Programms hat aber ergeben, daß die Kirche derzeit an ihrem Auftrag vorbeigeht, sie scheint in einem sich negativ verstärkenden Regelkreis gefangen zu sein.

Die Einstellung und die Erwartungen ihrer Mitglieder werden zuwenig berücksichtigt. Auf die Frage: »Was assoziieren Sie mit Kirche?« nennen von über 500 befragten Evangelischen 324 das Thema »Glaube und Kirche«. Aber auf die Frage: »Wie nehmen Sie die Kirche wahr?« nennen nur 118 den Bereich: »Glaube und Kirche«. Das bedeutet zweierlei: Die Kirche entspricht nicht den Vorstellungen ihrer Mitglieder, und die Arbeit der Kirche wird nicht in dem Maße wahrgenommen, wie das wünschenswert wäre.

Um Informationen über das Selbstverständnis der evangelischen Christen in München zu bekommen, hat das München-Programm die Mitglieder nach ihrem Verhältnis zu Kirche und Glauben befragt. Die Untersuchung hat ergeben, daß 18,7 % der Befragten als »Glaubende mit fester Kirchenbindung« bezeichnet werden können. Diese Menschen sagen von sich, daß sie an

Gott glauben und sich mit der Kirche sehr verbunden wissen. Ein Austritt kommt für sie nicht in Frage.

8,6 % der Befragten kann man als »Glaubende« bezeichnen, die aber in einem kritischen Verhältnis zur Kirche stehen. Diese sagen, sie glauben an Gott, wie er sich in Jesus Christus zu erkennen gegeben hat. Die Kirche hat für sie aber nur einen mittleren persönlichen Stellenwert.

20,5 % macht die Gruppe der »Suchenden mit Kirchendistanz« aus. Nach ihrer eigenen Aussage glauben sie an Gott, obwohl sie auch Unsicherheiten und Zweifel kennen. Ein Austritt aus der Kirche kommt für sie letztlich nicht in Frage.

Die größte Gruppe mit 43,1 % umfaßt »Kirchenfremde mit selbstdefiniertem Glauben«. Diese Mitglieder der evangelischen Kirche sagen von sich, daß sie an eine höhere Kraft, aber nicht an einen personalen Gott glauben. Die Kirche hat deswegen eine eher geringe Bedeutung für sie. Ein Austritt ist durchaus möglich. Man kann davon ausgehen, daß die boomenden esoterischen Angebote am ehesten diese Gruppe ansprechen.

9,1 % sind »Mitglieder ohne Glauben«. Sie glauben weder an Gott noch an eine höhere Kraft und beabsichtigen konsequenterweise einen Kirchenaustritt.

Nach dieser Untersuchung haben zwei Drittel der Mitglieder nur eine geringe Bindung an die Kirche und ihre Inhalte. Interessant ist es deshalb, zu fragen, warum sie trotzdem Mitglieder der Kirche sein und überwiegend bleiben wollen. Für alle Befragten sind das soziale Engagement der Kirche und die Möglichkeit, an den Kasualien teilzuhaben, für ihre Mitgliedschaft entscheidend. Es gibt eine Ausnahme: »Glaubende mit fester Kirchenbindung« sind Mitglieder der evangelischen Kirche, weil sie Glauben und Gemeinschaft leben wollen.

Es wäre jedoch ein Irrtum, zu glauben, daß die Kirche nur an ihren Rändern bröckelt. Im Gegenteil, es gibt auch einen Erosionsprozeß in der Mitte der Kirche. 60 % der hochverbundenen

Mitglieder fühlen sich in ihrem Glauben immer weniger durch die Kirche bestärkt.

Dies erklärt, warum im zweiten Schritt des sich negativ verstärkenden Regelkreises sich die Mitglieder innerlich immer mehr von der Kirche distanzieren und in einem dritten Schritt auch bereit sind, ihre innere Distanz in einen Austritt umzusetzen. Das gefährdet aber die ökonomische Basis der Kirche und hat damit eine weitere Vernachlässigung der Mitglieder zur Folge.

In der Kirche ist diese Entwicklung durchaus erkannt. Es sind heftige Diskussionen im Gang, welches der richtige Weg aus der Krise ist. Was aber fehlt, ist ein Gesamtkonzept. Die Lust am Dissens und an persönlicher Distanzierung vom »Laden Kirche« scheint größer als der Mut zur gemeinsamen Veränderung. Dies führt dazu, daß die Kirche sich weiter mit sich selbst beschäftigt und über der wachsenden Innenorientierung ihre Mitglieder aus dem Blick verliert. Der sich negativ verstärkende Regelkreis schließt sich. Seinen Ausgang und Endpunkt hat er darin, daß die Kirche ihre Mitglieder zuwenig im Blick hat.

Kircheninterne Probleme

Angeheizt und beschleunigt wird der sich negativ verstärkende Regelkreis durch hausgemachte Probleme, durch Schwachstellen in der Struktur, bei der Mitarbeiterentwicklung und im Angebotskonzept der Kirche:

Komplexe Struktur, fehlende Entscheidung und Handlungsorientierung:

Die evangelische Kirche in München hat sich zu einem Gremiendschungel ausgewachsen. Mehrere Hierarchiestufen laufen hier zusammen, selbst Insider wissen kaum, wo welche Beschlüsse gefällt werden und wer wofür zuständig ist. Das verzögert Entscheidungen und macht alle Beteiligten unzufrieden und mißtrauisch. Die Handlungsfähigkeit der evangelischen Kirche in München ist erheblich beeinträchtigt, notwendige Anpassungsprozesse werden verschlafen.

Schwächen in der Mitarbeiterförderung:

Es gibt für die Arbeit in der Kirche zuwenig Anerkennung, kaum einmal ein Feedback oder eine echte Würdigung. Es fehlt an regelmäßigen und aussagekräftigen Beurteilungen. Hinzu kommen Mängel im Bereich der Fortbildung und des Coachings. Es ist nicht so, daß es an Fortbildungsangeboten fehlt. Im Gegenteil, es gibt eine Fülle teils sich überschneidender Fortbildungsmaßnahmen, aber aufs Ganze gesehen entscheiden die Mitarbeitenden für sich selbst, wann, ob und welche Fortbildung für sie in Frage kommt. Meist werden lieber persönliche Stärken ausgebaut als Schwächen angegangen. So klagen z. B. viele Pfarrerinnen und Pfarrer über ihre mangelnde Qualifikation zum Religionsunterricht, aber gleichzeitig werden die Fortbildungsangebote in diesem Bereich nur in geringem Maße wahrgenommen.

Mängel im Angebotskonzept/Angebotssteuerung:

– Bestehende und bewährte Konzepte z. B. für Gemeindeangebote und deren Umsetzungserfahrungen werden von anderen kaum aufgenommen. Bewußt oder unbewußt herrscht gerade unter Pfarrerinnen und Pfarrern die Einstellung, daß übernommene Konzepte nicht die gleiche Qualität haben wie Selbsterarbeitetes. Dadurch bleiben bereits gemachte Erfahrungen ungenutzt, und die Isolierung unter Gemeinden verstärkt sich.

- Wenn Verbesserungen von Angeboten in einzelnen Teilbereichen gelingen, verlagern sich die Probleme häufig auf andere Bereiche. Das liegt daran, daß ein Mehr an Angeboten oder deren Verbesserung meist einhergeht mit der Überlastung von Haupt- und Ehrenamtlichen. Das führt zum Qualitätsverlust in anderen Bereichen. Mitglieder erleben das als enorme Qualitätsschwankungen und werden in ihren Erwartungen langfristig enttäuscht.
- Es fehlen Möglichkeiten, Verbesserungsmaßnahmen zu bewerten und deren Auswirkungen einzuschätzen. Viele Gemeinden entscheiden eher intuitiv über Veränderungen und können die Auswirkungen auf Teilnehmerverhalten und Zufriedenheit der Mitglieder nicht erfassen.

Das dreifache Ja

Eine wirkliche Neuausrichtung der evangelischen Kirche in München und eine wirksame Verbesserung ihres Erscheinungsbildes kann nicht durch einzelne Maßnahmen oder ein verbessertes Werbekonzept oder Marketingmaßnahmen geschehen. Um dem Auftrag der Kirche zu entsprechen, müssen drei positive Grundvoraussetzungen, ein dreifaches Ja gegeben sein: Einmal ein Ja zum Glaubensthema, sodann ein Ja zur Institution und schließlich ein Ja zum Einsatz von professionellen Methoden.

Ja zum Glaubensthema

Das Ja zum Glaubensthema bedeutet ein Ja zur Priorität der Glaubensthematik in der Kirche. Es geht nicht an, daß zwar 60 % der in München befragten Evangelischen mit »Kirche« den Kernbereich »Glaube und Verkündigung« assoziieren, aber nur 20 % wahrnehmen, daß die Kirche auf diesem Gebiet wirklich tätig ist. Hier wird ein eklatantes Defizit sichtbar. Es ist zumindest in München (und wohl nicht nur da) nicht gelungen, deutlich zu machen, inwiefern die Angebote der Kirche und ihr öffentliches Auftreten etwas mit dem Glauben zu tun haben und also spezifisch für Kirche sind. Um gleich einem Mißverständnis zu wehren: Es geht nicht darum, der Kirche ein fundamentalistisches Glaubensverständnis zu verordnen. Das Ja zum Glaubensthema beinhaltet ein deutliches Ja zu unterschiedlichen Formen und Antworten des Glaubens, wie sie durch eine plurale Gesellschaft herausgefordert werden. Die Kirche sollte im besten Sinne geistlicher werden, indem sie dem Glaubensthema in der ganzen Breite ihrer Arbeit nachgeht und damit Menschen entgegenkommt, die nach einer religiösen Orientierung suchen. Es darf nicht den Mitgliedern überlassen bleiben, herauszufinden, warum zu den Angeboten einer Gemeinde ein Englischkurs und eine Bastelstunde gehörten, um nur zwei Beispiele zu nennen.

Ja zur Institution

Im Zug der allgemeinen Institutionen-Kritik ist es schon fast zu einer innerkirchlichen Pflichtübung geworden, die eigene Institution schlechtzumachen und andere an Kirchenkritik noch zu überbieten. Eine Firma aber, deren Mitarbeitende über den eigenen Betrieb herziehen, verliert nach außen hin jede Attraktivität. Von daher gilt es, ein neues positives Verhältnis zur Institution Kirche zu gewinnen und zu erkennen, daß die Institution jeden einzelnen schützt und handlungsfähig macht. Nicht Kritiklosigkeit, sondern ein kritisch-konstruktives Verhältnis zur Institution ist wünschenswert. Nicht konstruktiv ist es, wenn Amtsträger sich von der Amtskirche distanzieren, wenn die Qualitäten von Personen gegen die Schwäche der Institution ausgespielt werden.

Ja zum Einsatz von professionellen Methoden

Als drittes wird ein Ja zum Einsatz von professionellen Methoden für notwendig erachtet. Kirchenvorstände, die bis in die Nacht tagen, Schaukästen mit dem Hinweis auf Veranstaltungen von vorgestern, Ehrenamtliche, die mit ihren Aufgaben allein gelassen werden, Geistliche, die keine Zeit für Besuche haben, weil die Verwaltung sie auffrißt, Anrufbeantworter, die nicht abgehört werden, Pfarrer die meinen, je schlampiger sie auftreten, desto näher seien sie beim Volk – das alles sind Beispiele für Unprofessionalität. Was kirchliche Insider vielleicht als liebenswertes Chaos entschuldigen, weil es die Kirche ja so menschlich macht, das erscheint für Außenstehende wenig reizvoll. Vielleicht erklärt sich so, warum vielerorts immer nur die gleichen Leute zur Mitarbeit in der Gemeinde bereit sind. Bei Professionalität geht es nicht darum, daß alle Ehrenamtlichen zu Profis werden. Vielmehr müßte die Kirche professioneller mit Ehrenamtlichen umgehen, d. h., ihnen Aufgaben nach ihren Interessen und Begabungen übergeben, sie mit ausreichend Informationen und Kompetenzen ausstatten, sie in ihrer Motivation und in ihren Fähigkeiten fördern. Das Ja zum Einsatz professioneller Methoden muß verstanden werden als eine Form der Achtung des Menschen, die christlich geboten ist.

Die Vision des München-Programms für die Kirche

Das München-Programm hält vier Ziele für erstrebenswert, damit die Kirche ihren christlichen Auftrag aktiv, zeitgemäß und öffentlich wahrnehmen kann:

1. Die Kirche braucht mit ihr verbundene, christlich handelnde, begeisterte Mitglieder.

2. Sie fördert engagierte, kompetente, motivierte Mitarbeitende.
3. Sie will in zielkonformen, handlungsorientierten und partizipativen Strukturen arbeiten.
4. Sie macht mitgliederorientierte, zielkonforme und systematisch abgestimmte Angebote.

Damit diese Ziele erreicht werden können, müssen die institutionellen Fähigkeiten, d. h. die Strukturen, und die individuellen Fähigkeiten der Kirche, sprich die Fähigkeiten ihrer Mitarbeitenden, verbessert und gestärkt werden. Auf dieser Basis kann dann ein Angebotskonzept erarbeitet werden, das die Kirche für ihre Mitglieder wieder attraktiv und bedeutsam macht.

Die Vorschläge des München-Programms im einzelnen

Strukturen

Reorganisation des Dekanats München

Interessanterweise hat sich die heftigste Diskussion um die Vorschläge des München-Programms an der Reorganisation des Dekanats entzündet. Keine Frage hat die Gremien so beschäftigt wie die über die künftige Verteilung der Macht im Dekanat. Auch zwei Jahre nach Erarbeitung des Grundkonzeptes gibt es noch keine Einigkeit darüber, welche Gremien wofür zuständig sein sollen. Klar ist nur eine stärkere Regionalisierung, d. h., Entscheidungen sollen dort gefällt werden, wo sie wirksam werden. Es geht nicht an, daß die Frage, ob und welcher Kirchturm in München renoviert werden muß, das gesamte Dekanat München beschäftigt. Regionalisierung darf aber nicht mißverstanden werden als Provinzialisierung. Deshalb macht die Regionalisierung gleichzeitig eine Stärkung der Gesamtverantwortung für München nötig, d. h., es braucht ein mit Kompetenzen ausgestattetes Gremium, das Konzepte und Strategien für ganz

München entwirft und durchsetzt. So kann gewährleistet werden, daß sich nicht das Bild einer uneinigen und in sich zersplitterten Kirche festsetzt.

Strukturreform der Führungsrolle

Ein zweites Element der Strukturreform ist die Veränderung der Führungsrolle von Dekan und Prodekanen, d. h. der zuständigen Leitungspersonen in München. Bisher beschränkte sich die Rolle der Prodekane wegen der erheblichen Größe ihres Zuständigkeitsbereichs neben der Verwaltung vor allem auf Troubleshouting, meist wenn Konflikte längst eskaliert waren.

Das München-Programm will den Zuständigkeitsbereich in den Prodekanatsbezirken verkleinern, damit neue Aufgaben wahrgenommen werden können. Die Prodekane sollen künftige Strategien für Gesamt-München mitentwickeln und in ihrem jeweiligen Bereich auch durchsetzen. Sie sollen mit den Gemeinden stärker inhaltlich und konzeptionell an deren Angeboten arbeiten, d. h., jeder Prodekan oder jede Prodekanin wird einmal im halben Jahr die Kirchenvorstände besuchen und mit ihnen gemeinsam das Konzept für das nächste halbe Jahr erarbeiten. Es geht nicht darum, daß den Gemeinden »von oben« vorgegeben wird, was sie zu tun haben, sondern es geht um Moderation von Gesprächen, daß die Kirchenvorstände entscheidungsfähig werden, welche Ziele sie sich für die nächste Zeit setzen wollen. Schwerpunktmäßig werden regelmäßige Entwicklungsgespräche mit allen Mitarbeitenden geführt. Zusammengefaßt heißt das: Zu den wichtigsten Kompetenzen von Personen in Leitungsämtern gehört die Fähigkeit zur konzeptionellen Arbeit, zur Begleitung entsprechender Prozesse und insbesondere zur Personalführung (Coaching).

Klärung der Verantwortlichkeit auf Gemeindeebene

Zur strategischen und operativen Gemeindeleitung gilt es, künftig zwischen Kirchenvorstand und den Hauptamtlichen einer Gemeinde zu unterscheiden: Der Kirchenvorstand soll eine Art Richtlinienkompetenz in der Gemeinde wahrnehmen. Er entscheidet über die großen Linien der Gemeindearbeit. Die Zeiten sollen vorbei sein, da der Kirchenvorstand stundenlang über die Farbe von Sitzkissen oder die Verwendung kleinster Spenden berät. Die Hauptamtlichen, das »Gemeindeteam«, zu dem Pfarrer, Pfarrerinnen, theologisch-pädagogische Mitarbeitende und Kirchenmusiker und Kirchenmusikerinnen gehören, ist zuständig für die Umsetzung der Kirchenvorstandsbeschlüsse. Die im München-Programm vorgeschlagene und teilweise auch bereits praktizierte Unterscheidung zwischen strategischer und operativer Gemeindeleitung trägt der Forderung vieler gewählter Ehrenamtlicher Rechnung, die nicht mehr nur pro forma an den Entscheidungsprozessen beteiligt sein wollen, sondern sie völlig verantworten wollen. Zugleich verlieren Kirchenvorstandssitzungen den Charakter von Dienstbesprechungen mit der Tendenz der Einmischung in jede Kleinigkeit. Das Gemeindeteam als Ganzes soll nur noch eine Stimme im Kirchenvorstand haben, denn Kirchenvorstände gerade in Gemeinden, in denen es mehrere Hauptamtliche gibt, fühlten sich von diesen dominiert und teilweise überstimmt. Man muß allerdings dazu sagen, daß der Vorschlag zum freiwilligen Stimmverzicht in München nur sehr geringe Resonanz gefunden hat. Vor allem Pfarrer und Pfarrerinnen im Probedienst, die neben den Pfarrstelleninhabern oft um ihre eigenständige Position fürchten, wollen bisher auf ihr eigenes Stimmrecht nur ungern verzichten.

Mit diesem neuen Gemeindemodell verbindet sich auch die Hoffnung, daß die Arbeit im Kirchenvorstand wieder attraktiver wird. Die letzte Kirchenvorstandswahl hat gezeigt, wie schwierig es ist, kompetente und qualifizierte Leute für eine Kandidatur zu gewinnen.

Zur Erreichung seiner Ziele braucht das Dekanat engagierte, kompetente und motivierte Mitarbeiterinnen und Mitarbeiter.
Engagiert, d. h., die Mitarbeitenden setzen sich auf allen Ebenen aktiv für die kirchlichen Ziele ein.
Kompetent, d. h., Mitarbeitende entwickeln sich kontinuierlich weiter und werden ihren Fähigkeiten entsprechend eingesetzt.
Motiviert, d. h., Mitarbeitende fühlen sich anerkannt und gefördert.

Mitarbeiterentwicklung für Hauptamtliche

Ziel der Mitarbeiterentwicklung für Hauptamtliche ist es, wegzukommen von der in Bayern üblichen, alle sieben Jahre fälligen Turnusbeurteilung, an deren Ende eine Note steht. Das hat zum Hauptinteresse der Beurteilten geführt, sich im Beurteilungsgespräch möglichst gut zu verkaufen. Ein aussagefähiges Bild über die tatsächliche Qualifikation, d.h. über Qualitäten und Grenzen einer Person und ihrer Entwicklungsmöglichkeiten, war auf diesem Weg nur schwer zu bekommen. Bedeutung für die weitere berufliche Entwicklung, Fortbildung und Qualifizierung hatte die Beurteilung im allgemeinen nur marginal.

Die Mitarbeiterentwicklung des München-Programms will die Schwächen und Stärken der Mitarbeitenden besser in den Blick bekommen und gemeinsam mit ihnen Ziele für das nächste halbe bis ganze Jahr vereinbaren. Der oder die Vorgesetzte und der oder die Mitarbeitende beraten dann, wie diese gemeinsam gefundenen Ziele erreicht werden können, welche Fortbildungen empfehlenswert sind, welche weiteren Personen zur Unterstützung hinzugezogen werden können. Das München-Programm plant, zusätzlich ein Netz von Mentorinnen und Mentoren aufzubauen, d. h., in bestimmten Bereichen gut qualifizierte Personen bereitzustellen, die in der Lage sind, auf Zeit einen Kollegen oder eine Kollegin zu begleiten.

Methodisch sieht die Mitarbeiterentwicklung des München-Programms vor, daß der Dekan bzw. der Prodekan oder die Prodekanin die Mitarbeitenden in einem gemeinsam vereinbarten Arbeitsgebiet beobachtet. Ein eigens ausgearbeiteter Beobachtungsbogen bietet ein gutes Hilfsmittel. Für das eigentliche Entwicklungsgespräch stellt das München-Programm einen Fragebogen zur Verfügung, der mit Hilfe von Selbst- und Fremdeinschätzung das Gespräch strukturieren hilft. Bei dem darauffolgenden Entwicklungsgespräch wird festgestellt, ob die vereinbarten Ziele erreicht worden sind, bzw. warum sie nicht erreicht werden konnten. Auf dieser Basis werden dann wieder neue Ziele festgelegt.

Diese Art der Mitarbeiterentwicklung lebt von der offenen Gesprächsatmosphäre. Es ist deshalb nur folgerichtig, daß das Ergebnis dieses Gesprächs nicht an die nächsthöhere Stelle weitergeleitet werden soll. Allenfalls die Vereinbarungen zur Fortbildung können weitergemeldet werden.

Eine solche Mitarbeiterentwicklung setzt Kompetenz und Schulung bei den Vorgesetzten voraus. Deren intensives Training gehörte zu den ersten Maßnahmen in München. Nach anfänglicher Skepsis unter den Hauptamtlichen hat insbesondere dieses Konzept der Mitarbeiterentwicklung eine ganz hervorragende Resonanz gefunden. Die Mitarbeitenden betrachten es fast durchweg als sinnvoll und ertragreich, in dieser Weise mit ihren Vorgesetzten über ihre Arbeit und ihre beruflichen Fähigkeiten zu sprechen.

Die Mitarbeiterentwicklung des München-Programms soll keine Einbahnstraße von oben nach unten sein. Vielmehr sollen auch die Vorgesetzten regelmäßig ein Feedback erhalten. Sie bekommen direkte Rückmeldung auf die von ihnen geführten Mitarbeiterentwicklungsgespräche. Die Fähigkeit zur Personalführung ist insgesamt an Hand der Kriterien Information, Motivation, Konfliktfähigkeit, Zusammenarbeit und Zielvereinbarung zu messen.

Mitarbeiterentwicklung für Ehrenamtliche
Wenn es sinnvoll ist, regelmäßig ein Feedback auf die eigene Arbeit zu bekommen, dann sollte man das nicht auf Hauptamtliche begrenzen, sondern auch Ehrenamtliche davon profitieren lassen. Natürlich muß Mitarbeiterentwicklung für Ehrenamtliche anders aussehen als bei Hauptamtlichen, da diese ja in keinerlei Dienstverhältnis zur Kirche stehen. Auffällig ist, daß viele Ehrenamtliche von sich aus Mitarbeitergespräche einfordern. Sie wollen regelmäßig mit einem Hauptamtlichen in der Gemeinde über ihre Arbeit sprechen, Stärken und Schwächen wahrnehmen und gegebenenfalls Fortbildungen machen. Viele Ehrenamtliche legen Wert auf eine ehrliche Rückmeldung und aufrichtige Würdigung ihrer Arbeit. Das schließt auch Kritik mit ein. Mit dem München-Programm kehren sich eingefahrene Verhältnisse um: Nicht mehr müssen Ehrenamtliche Hauptamtlichen hinterherlaufen, wenn sie etwas brauchen, wie das so oft der Fall ist, sondern umgekehrt haben Ehrenamtliche das Recht auf ein Gespräch mit den Hauptamtlichen ihrer Gemeinde.

Zusammenfassend kann man sagen, daß keines der Elemente der Mitarbeiterentwicklung des München-Programms wirklich neu ist. Vieles davon ist in Wirtschaftsunternehmen bereits üblich. Wenn Mitarbeiterentwicklung auch im kirchlichen Raum praktiziert werden soll, dann geschieht das in der Erkenntnis, daß diese Art humaner und für die Mitarbeitenden förderlicher ist als das bisherige Verfahren der praktizierten oder ganz fehlenden Beurteilung.

Angebotskonzept

Das Angebotskonzept des München-Programms verfolgt drei Ziele:

1. Es will mitgliederorientiert sein, d. h., bei der Zusammenstellung eines Angebotskonzeptes in den Gemeinden und im Dekanat München steht die Gesamtheit der Mitglieder im Blickpunkt.

2. Die Angebote sind zielkonform, d. h., die Planung und die Durchführung von Angeboten sind auf die Erreichung der kirchlichen Ziele hin ausgerichtet.

3. Die Angebote sind systematisch, d. h., sie werden koordiniert und zusammengestellt auf der Grundlage einer umfassenden Datenbasis.

Das München-Programm bietet den Gemeinden die Möglichkeit, an Hand von vier Schritten ihre Angebote neu auszurichten und gegebenenfalls neu zu konzipieren. Das München-Programm hat dafür eigens Fragebögen erarbeitet. Auf Gemeindeebene ist eine gepflegte und aktuelle Mitgliederdatei unabdingbar. Hilfreich sind Daten über Vorstellungen, Wünsche und Erwartungen der Gemeindeglieder, ihr Teilnahmeverhalten und ihr Verhalten zur Kirche. Regelmäßiges Teilnehmerfeedback und Mitgliederbefragung sind dabei die wichtigsten Instrumentarien.

Erster Schritt: Datenbasis schaffen
Die Untersuchung des München-Programms hat gezeigt, daß das Wissen um die Einstellungen und Erwartungen der Mitglieder nicht sehr ausgeprägt ist. Weniger Fakten und Zahlen als subjektive Einschätzungen bestimmen das Bild, das sich Hauptamtliche und Ehrenamtliche von den Mitgliedern der Kirche machen. Erforderlich sind aber Daten, die Auskunft über das Verhalten der Mitglieder geben, über die Mitgliederstruktur, Austrittszahlen und das Teilnahmeverhalten. Teilweise werden vom Registeramt des Dekanates und des Landeskirchenamtes

auch Zahlen zur Verfügung gestellt, die in der Praxis aber in den Gemeinden kaum zur Kenntnis genommen oder ausgewertet werden.

Die erste Erprobungsphase in den Modellgemeinden hat gezeigt, daß die Datenerhebung zwar erkenntnisreich, aber auch sehr zeitaufwendig ist, so daß die Gemeinden bei der Auswertung und Aufbereitung der Daten vom Controller des München-Programms unterstützt werden müssen.

Ein zweites hochinteressantes Instrument, um die Erwartungen und die Bedürfnisse von Mitgliedern zu erfassen, sind sogenannte Focus-Gruppen. Anders als bei breitangelegten Mitgliederbefragungen, wo man pure Zahlen erhält, ermöglicht die Arbeit mit Focus-Gruppen, an die inneren Einstellungen von Mitgliedern heranzukommen, tiefergehende Motive zu erkennen, Erwartungen und Bedürfnisse hinsichtlich kirchlicher Arbeit zu ermitteln und Veränderungsvorschläge zu gewinnen. Dieses Instrument ist aus der Marktforschung bekannt und kann gerade im Bereich der Kirche, wo es auf die tieferliegende Motivation ankommt, sehr hilfreich sein. Eine Focus-Gruppe muß man sich folgendermaßen vorstellen: Sie setzt sich aus ca. acht Gemeindemitgliedern zusammen, die zufällig ausgewählt sind. Die Gruppe trifft sich für die Dauer von zwei Stunden und bekommt ein Thema gestellt, z. B. Taufe oder Altenarbeit. Professionelle Moderation des Gesprächs an Hand eines Leitfadens ist die Bedingung dafür, daß die Focus-Gruppe das gesteckte Ziel erreicht. Die Arbeit mit den Focus-Gruppen hat in der Praxis einen sehr interessanten Nebeneffekt. Insbesondere Mitglieder, die sich auf Distanz zur Kirche halten, nehmen gern teil, denn hier sind sie insbesondere in ihrer kritischen Kompetenz gefragt. Schon durch die Teilnahme an Focus-Gruppen haben sich neue Verbindungen zur Kirche ergeben.

Zweiter Schritt: Strategien festlegen
Stehen einer Gemeinde die erforderlichen Daten zur Verfügung, dann legt die Gemeinde im Rahmen eines sogenannten »Planungsworkshops« die Ziele und die Schwerpunkte der Gemeinde fest bzw. überprüft die bereits vorgenommenen Zielsetzungen. Am zweimal jährlich stattfindenden Planungsworkshop, der je einen halben Tag dauert, nehmen der Prodekan oder die Prodekanin, das Gemeindeteam der Hauptamtlichen, der Kirchenvorstand und auf Anfrage eine beratende Person der für das München-Programm eingerichteten Stelle FEB (Forschung, Entwicklung, Beratung) teil. Diese regelmäßig stattfindenden Planungsworkshops garantieren, daß sich Kirchenvorstände nicht mit Marginalien der Gemeindearbeit, sondern mit zentralen Aspekten der von ihnen verantworteten Gemeindearbeit beschäftigen. Im Mittelpunkt eines jeden Planungsworkshops steht die Bewertung der bestehenden Angebote. Drei Kriterien werden dafür angewandt:

1. Wie ist es um die Qualität bzw. die Zielkonformität der jeweiligen Angebote bestellt?
2. Wie ist die Partizipation, d. h., wieviel Mitglieder nehmen an dem jeweiligen Angebot teil?
3. Wie hoch ist der Aufwand pro Teilnehmer?

Jedes Angebot wird nach diesen drei Kriterien bewertet und in eine Matrix eingeordnet. Ziel ist es, eine Diskussion in Gang zu setzen, an deren Ende geklärt ist, ob ein Angebot weitergeführt werden soll, ob es kurz- oder langfristig verbessert werden kann oder ob es ganz gestrichen werden muß. Letzteres wird für die Gemeindearbeit in Zukunft immer wichtiger werden. Es braucht den Mut, Angebote, die nicht mehr laufen, zu beenden, auch wenn einige dafür Verantwortliche sehr viel Engagement investiert haben. Nur wenn etwas wegfällt, entstehen Kapazitäten für Neues, das von der Mitgliederstruktur oder den Mitgliedererwartungen dringend erforderlich wäre. Bei den Planungsworkshops sollen am Ende des halben Tages nicht nur grobe Ziele feststehen, sondern konkrete Maßnahmen beschlossen und Verantwortlichkeiten benannt worden sein, so daß man mit der Umsetzung der neuen Strategie am nächsten Tag beginnen kann.

Dritter Schritt: Angebote einführen und kommunizieren

Mit der Konzeption neuer Angebote werden die Gemeinden nicht allein gelassen. Auf Dekanatsebene werden erfolgversprechende Angebote und Konzepte gesammelt und entwickelt, d. h., einer Gemeinde steht ein sogenannter »Baukasten erfolgversprechender Angebote« zur Verfügung. Dieser enthält Informationen über gelungene Angebote und Konzepte innerhalb und außerhalb Münchens. Der Baukasten wird laufend aktualisiert, und die darin enthaltenen Angebote sind an Hand der Kriterien von Qualität, Aufwand und Partizipationsrate ausgewählt. Bei der Umsetzung ihrer Strategie, bei der Einführung von neuen Angeboten und bei der Anwendung des Baukastens werden die Gemeinden nicht allein gelassen. Die Stabsstelle FEB (Forschung, Entwicklung, Beratung) steht beratend zur Verfügung, hilft bei der Anpassung von Konzepten auf die jeweilige Gemeindesituation, läßt Erfahrungen und Informationen aus anderen Bereichen mit einfließen.

Vierter Schritt: Erfolgskontrolle

Der Prozeß der Neuausrichtung von Angeboten endet mit der Überprüfung, ob die angestrebten Ziele auch wirklich erreicht werden. Dies kann mit Hilfe einer Anbieter- oder Teilnehmerbefragung geschehen. Wenn es der Auftrag der Kirche ist, das Evangelium von der Liebe Gottes als Verkündigung der christlichen Botschaft, als zeichenhaftes Handeln und als Gemeinschaft in Kirche und Gemeinde zu kommunizieren, dann ist es sinnvoll, Mitglieder und Teilnehmer zu befragen, ob das in bezug auf das jeweils besuchte Angebot auch wirksam geworden ist: Hat es sich auf die Teilnahme an kirchlichen Festen und Veranstaltungen ausgewirkt, ist dadurch der Glaube an das Evangelium verändert worden, hat es das Wissen über die christliche Religion bereichert, hat sich das Verhalten auf der Basis von christlichen Normen und Werten verändert, hat es die Gefühle oder das Bewußtsein im Zusammenhang mit dem christlichen Glauben berührt? Die Erfolgskontrolle am Ende des Prozesses ist zugleich der Beginn des neuen Prozesses, denn an Hand der hier gewonnenen Erfahrungen und Informationen ist es möglich, mit dem neuen Prozeß in den vier genannten Schritten zu starten.

Zusammenfassend muß gesagt werden, daß es nicht das Ziel der vorgestellten Angebotssteuerung ist, Punkt für Punkt jeden Schritt und jedes Instrumentarium abzuhaken. Wichtig ist es, ein Bewußtsein dafür zu bekommen, was in der Kirche nötig ist, was möglich ist, was zu Veränderungen beitragen kann und zu nachhaltigem Erfolg führen kann. Dieser Prozeß hat allerdings keinen Selbstwert, sondern ist immer nur Mittel zum Zweck, nämlich den sich negativ verstärkenden Regelkreis zu verlassen und den Auftrag der Kirche soweit wie möglich zu erfüllen: Menschen sollen zum Glauben an Jesus Christus finden, in seiner Liebe leben und das Leben in der Hoffnung auf ihn gestalten.

Danksagung

Meiner Theologischen Referentin, Pfarrerin Elisabeth Hann von Weyhern, möchte ich für ihre wertvolle Unterstützung bei der Erstellung dieses Manuskripts einen ganz besonderen Dank aussprechen.

WEGE AUS DER KRISE
Kritische Anmerkungen zum Berufsbild Pfarrer

Eckhart von Vietinghoff

Reform, Umbau, Modernisierung der Kirche sind in aller Munde, wieder einmal. Die ständige Veränderung der äußeren, der sichtbaren Kirche in ihrer institutionellen Gestalt ist Kontinuum ihrer Geschichte. Der Auftrag der Verkündigung des Evangeliums in alle Welt durch Reden und Handeln ist und bleibt unveränderbar und unaufgebbar. Das jeweilige Wirken von Kirche und Christentum im Alltag der Welt dagegen ist konkret, zeitbezogen und zeitbedingt. Veränderung und Reform in der Kirche und der Kirche als ganzer sind also weder neu noch aufregend. Daher werden moderne Methoden in der Kirche begrüßt und zugleich gelassen angenommen, weil sie jeden halbwegs Kundigen vor Selbstüberschätzung seiner Reformideen und auch vor Selbstüberforderung seiner Kräfte schützt. An diese durchaus banale Erkenntnis muß immer wieder erinnert werden, um vor Verbissenheit in der Debatte und vor falschen Alternativen in der Sache zu bewahren. So nehmen die folgenden skizzenhaften Überlegungen auch weder den Charakter des Originellen noch des Systematischen für sich in Anspruch. Sie wollen allein Tendenzen und Fragen anzeigen, auf die nach meiner Ansicht als schlichter Praktiker in der kirchlichen Reformdebatte genauer eingegangen werden sollte.

Unternehmen Kirche – Schlagwort des ausgehenden 20. Jahrhunderts

Lag der Schwerpunkt der Kirchenreformdebatte in den siebziger Jahren mehr im Bereich der Partizipation, der »Demokratisierung der Kirche«, lief er also weithin parallel zu den damaligen gesellschaftlichen und politischen Frontstellungen im Gefolge der Achtundsechziger und ihres auch unter den Kirchentalaren vermuteten »Muffs von fast 2000 Jahren«, spiegelt die heutige kirchliche Umbaudebatte die kräftig veränderten Orientierungskriterien der Gegenwart. Die kritischen, auch überkritischen gesellschaftspolitischen Strukturelemente von damals weichen nun einem auf meßbare Effizienz ausgerichteten Organisationsraster von Unternehmen, gewinnwirtschaftlich orientierten und vor allem solchen aus dem Non-Profit-Bereich. Hätte in den Siebzigern jemand beispielsweise für Einrichtungen der kirchlichen Publizistik die Rechtsform der GmbH, selbst der Gemeinnützigen GmbH, vorgeschlagen, wäre er mangelnder Prinzipientreue verdächtigt worden. Heute hat sich jeder auch in der Kirche rasch, manchmal zu rasch, die Aura des Zeitgemäßen gesichert, der von Ausgründung, schlagkräftiger Organisation, schlanken Hierarchien und Kundenorientierung redet. »Unternehmen Kirche« lautet nun ein beliebter Begriff. Heitere Selbstironie angesichts der so raschen Verlobung mit dem jeweiligen Zeitgeist und langer Atem im Blick auf die nie erfüllbare Reformaufgabe sind also durchaus geboten. Vor allem aber ist an die entlastende Erkenntnis zu erinnern, daß die Kirche im Kern nie modern, also rundum zeitgemäß sein kann und auch nicht sein darf. Jede Zeit und damit auch ihre Lösungsangebote für die äußere Gestalt der Kirche bleiben hinter dem Evangelium zurück. Wenn die Kirche also richtig modern sein will, wird sie, wie auch die Geschichte zeigt, nur zu leicht ihren Auftrag verfälschen. Der Auftrag aber ist zeitlos, sperrig, für »Kundenwünsche« schlechterdings nicht verfügbar. Mit Kunden kann man keinen Staat machen, nur mit Bürgern, mit Kunden kann man erst recht keine Kirche machen, nur mit in der Kirche ernstgenommenen und die Kirche ernstnehmenden Mitgliedern. Statistiken, Haushaltspläne, soziologische Untersuchungen, Rechtsordnungen, Mitgliederzahlen, Marktorientierung – so wichtig dies alles ist und sosehr dies in der Kirche professioneller genutzt werden muß – ersetzen kein theologisches Argument und sind erst recht kein Maßstab des Glaubens. So gibt es auch – anders als im Vergleich von Unternehmen – keine voll entwickelten und voll genügenden Kirchen einerseits und unterentwickelte Kirchen andererseits, sondern nur unterschiedlich fehlentwikkelte Kirchen. Dies wird auch so bleiben. Denn jede Kirche bleibt in ihrer sichtbaren Gestalt schmerzlich hinter ihrem Auftrag zurück.

Wer hierin ein verstecktes Plädoyer für eine fatalistisches »Weiter so« vermutet, schließt zu kurz. Ganz im Gegenteil sind um so mehr Phantasie und Einsatz geboten, um die Glaubwürdigkeitsschere zwischen sichtbarer Kirche und ihrem Auftrag nicht zu weit auseinanderklaffen zu lassen. Aber eines muß klar sein: Kein Organisations- und Strukturaktionismus kann Glauben wecken. Dies zu betonen, besteht guter Grund, weil die geringeren Finanzen, der jedenfalls äußerliche Relevanzverlust der Kirche, ihre Mitgliederentwicklung und manches mehr immer wieder zu einer Überschätzung von Organisations- und Strukturfragen verleiten. Aus manchem Theologenmund und mancher Theologenfeder – aber nicht nur dort – ist ein so gläubiges Vertrauen in die lebensgestaltende und lebensverändernde Kraft von Rechtsnormen, Strukturen und Organisationsformen zu entnehmen, daß der Jurist nur staunen kann. Debatten über Verfassungs- und Leitungsstrukturen, über Zuständigkeiten und Beteiligungsverfahren werden emsig geführt, ohne daß selbstkritisch genug geprüft wird, ob das mögliche Ergebnis überhaupt den Aufwand an Kraft und Zeit rechtfertigt. Gelegentlich schimmert eine rein diesseitige Werkgerechtigkeit im Institutionellen auf.

Ein Blick über die Grenzen Deutschlands

Der Geist aber weht, wo er will. Wie unabhängig vom Institutionellen er dies tut, zeigt ein Blick über die Grenzen. Wenn die Kirchen in allen mittel- und westeuropäischen Gesellschaften vergleichbare Krisensymptome aufweisen, so kann es sich jedenfalls nicht allein und auch nicht zuerst um ein hausgemachtes Problem der jeweiligen regionalen Kirche handeln. Dies zeigen trotz punktueller Unterschiede des kirchlichen »Erfolgs« auch die alles in allem parallelen Probleme der Landeskirchen und der Freikirchen in Deutschland. Erst recht gilt dies für den Vergleich zwischen den Landeskirchen. Ob presbyterial-synodale Verfassung oder Kirchenstruktur lutherischer Tradition: Die Probleme sind allerorten im Kern identisch. Der alle hochmodernen Industrie- und Dienstleistungsgesellschaften prägende langfristige geistesgeschichtliche Trend einer banalisiert mißverstandenen Aufklärung und einer Reduktion der Weltdeutung auf das Meßbare, Machbare und Kaufbare ist nicht durch institutionelle Anstrengungen umzukehren. Kirchen mit anderen Strukturen wie mit anderem staatskirchenrechtlichen Status und übrigens auch mit deutlich weniger Finanzen als die Landeskirchen in Deutschland sind nicht eo ipso aktiver, ausstrahlender, glaubwürdiger, geistlicher als wir. Trotz vieler Unterschiede im einzelnen zeigt dies der Blick nach England, Frankreich, den Niederlanden oder Skandinavien. Und für die westlichen Bundesländer sind allein Vergleiche mit Kirchen im Europa der westlichen Moderne sachgerecht und nützlich. Die USA sind wegen einer insoweit anderen Geschichte und eines anderen gesellschaftlichen Selbstverständnisses kein unmittelbarer Gegenbeweis.

Wieder anders ist schließlich der Bereich des ehemaligen Ostblocks zu betrachten.

Desinteresse als größter kirchlicher »Gegner«

Aber nochmals die selbstkritische Frage: Sind das nicht alles nur Argumente zur Selbstimmunisierung gegen überfällige Veränderungen? Sind doch jedenfalls auf diesem Felde Kirche und gerade Kirchenleitung immer besonders erfindungsreich! Daher bin ich hier meine Lageeinschätzung der institutionellen, der äußeren Seite der Kirche schuldig. Die geglaubte Kirche weiß ich davon wohl zu unterscheiden; allein das Vertrauen auf sie gibt der Arbeit in der sichtbaren Kirche ihren Sinn. Ich beschränke und beziehe mich auf die kirchliche Lage in den alten Bundesländern. (Die Lage in den östlichen Gliedkirchen der EKD zu beurteilen, bin ich weder befähigt noch befugt.) Meine Auffassung ist die, daß die Kirche zwar kein Monopol in der Weltdeutung mehr hat und beansprucht, daß sie aber im substantiellen Sinne keinen greifbaren Gegner mit erkennbarem Profil hat und daß ihr deswegen der Spiegel der Realität nicht deutlich genug vorgehalten wird. Dies selbst zu tun gelingt selten. Selbstkritik ist zu leicht nur eine Mischung aus Masochismus und Narzißmus, beides kirchlichen Debatten nicht fremd. Doch ohne Gegner, ohne Konkurrenten und ohne zeitnahes Risiko fehlt der nötige Innovationsdruck in der Kirche. »Gegner« der Kirche ist vor allem anderen das Desinteresse. Das zeigen die Austrittsmotivationen, wenn man näher nachfragt. Der Traditionsabbruch – diese Kurzformel muß hier für einen komplizierteren Prozeß genügen – hat für viele Menschen die Kirche schlicht entbehrlich gemacht. Distanz und Gleichgültigkeit, das sind die zunehmenden Empfindungen gegenüber der in der Institution Kirche vorgefundenen oder vermuteten Form organisierter Religion. Desinteresse ist aber kein kritisches und kein forderndes und damit auch kein förderndes Gegenüber. Greifbare Konkurrenten hat die Kirche nicht, noch nicht. Konkurrenten wachsen im Westen vor allem bei Beerdigungen, nach und nach auch bei anderen biographischen Zäsuren. In den östlichen Gliedkirchen der EKD ist die Lage bereits umgekehrt. Etwa bei der Jugendweihe ist die Kirche mit ihrer Konfirmation nur noch Juniorpartner. Die Seniorpartner, die das Feld beherrschen, sind andere. Aber alle diese »Konkurrenten« sind kaum als inhaltliches Gegenüber greifbar, sondern nur als Veranstalter von ephemeren Einzelereignissen; gewissermaßen säkulare inhaltsleere »Gelegenheitskirchen« je nach Einzelfallbedarf. Wegen der Unverbindlichkeit ihrer Angebote kommen sie dem Auswahlverhalten, das die Menschen immer stärker prägt, anstrengungslos und daher attraktiv entgegen.

Fremde Heimat Kirche

Wir erinnern uns an die kirchensoziologischen Untersuchungen: »Wie stabil ist die Kirche?« aus dem Jahre 1974; »Was wird aus der Kirche?« aus dem Jahre 1984 und schließlich 1993/97 die Untersuchung: »Fremde Heimat – Kirche.«

Nach der letzten Studie ging durch die Kirche eine Tendenz des erleichterten Aufatmens. Ich halte dieses Aufatmen für ungerechtfertigt. Bei kritischer Analyse ergibt sich ein eher besorgniserregendes Bild. Das Christentum ist in der allgemeinen Wahrnehmung diffundiert in ein konturenloses Verständnis von Anständigsein, das jeder individuell auslegt und inhaltlich ausfüllt. Der Begriff ist kaum mehr als ein Passepartout für den reinen Subjektivismus. Die Kirche ist noch am intensivsten gefragt als religiöse Begleitung bei Familienfesten. Aber ein christliches, gar ein protestantisch geprägtes Milieu wächst nicht erkennbar nach. Sein Restbestand wird aufgebraucht. Wir müssen eingestehen, daß wir weithin den Zugang zu, jedenfalls aber die mitgestaltende Präsenz unter den jetzt in der Verantwortung stehenden Funktionseliten in Wissenschaft, Politik und Wirtschaft verloren haben. Herder hat einmal formuliert: »Heimat ist dort, wo ich mich nicht erklären muß.« Dieses selbstverständliche Zugehörigkeitsgefühl wird man bei der Mehrzahl der Kirchenglieder und gerade auch der immer internationaler geprägten Funktionseliten und übrigens auch bei einer zunehmenden Zahl unserer Mitarbeiterinnen und Mitarbeiter nicht mehr finden können. Eine »Fremde Heimat« ist keine Heimat mehr, sondern nur noch eine Erinnerung an sie. Erinnerungen aber kann man nicht an die nächste Generation weitervermitteln.

Status quo – Orientierung der Kirche

Auch ein Risiko, das in Bewegung setzt, das die Realitätswahrnehmung verbessert, d. h. ein unmittelbar spürbares Ursache-Wirkungs-Verhältnis, kennt die Kirche kaum. Im Westen ist dies erst seit wenigen Jahren, wenn auch nur durch den äußeren Druck der Finanzlage, anders geworden.

Die Kirche hat jedenfalls dieses unmittelbare Ursache-Wirkungs-Verhältnis über Jahrzehnte verdrängt. Die Evangelisch-lutherische Landeskirche Hannovers beispielsweise hatte 1970 etwa 4,0 Millionen Kirchenglieder, jetzt etwa infolge der Austritte und im etwa gleichen Umfang wegen der demographischen Entwicklung noch etwa 3,3 Millionen Kirchenglieder. Ganz im Gegensatz dazu haben sich bis 1995 die äußeren Bedingungen generell ununterbrochen verbessert. Die Mitarbeiterzahl hat sich in dieser Zeit um mehr als 80 % vermehrt. Institutionen und Arbeitszweige der Kirche sind kontinuierlich und für die In- wie die Outsider kaum noch überschaubar verstärkt worden. Die Zahl der Gebäude ist erheblich gewachsen. Die Kirche hat also lange bei schwindender Basis an Mitgliederzahlen und an geistig-geistlichem Gehalt auf immer größerem Fuß der äußeren Ausstattung gelebt, eine schlicht leichtfertige Verhaltensweise, denkt man allein an die damit für die Zukunft aufgehäuften Belastungen. Durch diesen Zuwachs gerade an Institutionellem und an Mitarbeitern hat vor allem die innere Säkularisierung der Mitarbeiterschaft ungebührlich um sich gegriffen. Deswegen darf nicht zuerst den Mitarbeiterinnen und Mitarbeitern ein Vorwurf gemacht werden; eine Mitarbeiterschelte wäre eine billige Ausflucht.

Die Frage muß selbstkritisch vielmehr an die eigene Adresse von Kirchenvorständen, Synoden und Kirchenleitungen gehen: Was hat die Kirche getan, und was tut sie zur »geistlichen Erneuerung der Mitarbeiterschaft«?

Bereits in der Mitarbeiterschaft müssen wir von der noch zu sehr verbreiteten selbstbetrügerischen Annahme Abschied nehmen, Christlichkeit gehöre in unserer Gesellschaft zur gewissermaßen selbstverständlichen und daher nicht eigens nachfragebedürftigen Grundausstattung. Wer die Arbeit in der Kirche als beliebige Tätigkeit wie jede andere versteht, ist am falschen Platz. Dies muß deutlicher gesagt und auch in Personalauswahl und Personalführung umgesetzt werden. Bemerkenswerterweise sind ehrenamtliche Mitglieder von Kirchenvorständen nicht selten »anspruchsvoller«, was die gelebte Kirchlichkeit der hauptamtlichen Mitarbeiterinnen und Mitarbeiter der Kirche angeht, als zahlreiche Pastoren. Auch darf die Konsequenz nicht gescheut werden, Arbeitsfelder und Einrichtungen einzustellen oder anderen Trägern zu überlassen, wenn dafür keine christlich aktiven Mitarbeiter zu finden sind.

Mangels Innovationsdruck pflegt die Institution Kirche mehrheitlich ein Verhalten einer vorrangig am Status quo orientierten Massenorganisation. Nüchtern ist festzustellen: Von der Risikogesellschaft ist – oder muß man sagen: war – die Kirche dank einer guten Verfassungsrechtslage und einer bislang soliden Finanzpolitik noch weithin abgesichert, zumindest gut abgefedert. Von der Technik und den Naturwissenschaften, also den harten zukunftsprägenden Lebenswelten, ist sie in ihren Fragestellungen und Aussagen weit entfernt. Die Erlebnisgesellschaft ist der Kirche zu unheimlich, zu vordergründig, zu hedonistisch.

Mit dem Verweis auf das Soziale konzentriert sie sich auf die verteilende, also die logisch nachrangige Seite des Wirtschaftsprozesses. Dies alles führt aber angesichts des allgemeinen Umbaues und der Neuorientierung, die nicht nur Deutschland, sondern das ganze westliche Gesellschafts- und Wirtschaftssystem zu bewältigen hat, in eine nur reagierende, in eine sich abschottende Mentalität. Eine solche Großorganisation ist in ihrer Thematik defensiv und wirkt und handelt ängstlich. Sie läuft Gefahr, zu einer Verteidigungsorganisation absteigender Gruppen zu degenerieren. Dadurch wird in einem Circulus vitiosus ihr Image schlechter und schlechter. Ihre Attraktivität für nachwachsende Leistungsträger sinkt, und zwar bei hauptamtlichen und ehrenamtlichen Mitarbeitern ebenso wie in der Zusammensetzung der Mitgliedschaft. Dabei weiß jeder, Verfahrensänderungen, Mentalitätsveränderungen, Innovationen können grundsätzlich nur durch neue Generationen vorangetrieben werden und in ihnen durch die begrenzte Zahl der Leistungsträger.

Binnenoptimierung – eine Sackgasse

Großorganisationen, die keiner unmittelbaren und rasch wirkenden Reaktion auf ihr Verhalten ausgesetzt sind, pflegen das, was Binnenoptimierung genannt wird. Man konzentriert sich auf den innerkirchlichen Betrieb und will in ihm für möglichst reibungslose Abläufe sorgen. Die Folge sind ausgeprägte innere Beteiligungsverfahren. Innere Harmonie hat Vorrang vor Konfliktaustragung und vor klaren und zügigen Entscheidungen. Prioritätensetzung bleibt auf der Strecke, Ausgleich hat Vorrang.

Böse formuliert könnte man sagen: *Der Besitzstand verteidigt gewissermaßen den Stillstand.*

Die Kirche ist in Teilen strukturell ein auf Dauer angelegter runder Tisch. Das klingt zunächst erfreulich modern: runder Tisch. Aber organisationstheoretisch und -praktisch sind runde Tische hervorragende Ausnahmeinstitutionen für Krisenzeiten, aber sie taugen nicht als Dauereinrichtung. Als Dauereinrichtung führen sie zu nichts anderem als zur Verantwortungsverschleierung, zur wechselseitigen lähmenden Neutralisierung und vor allem zum Aufschub drängender Entscheidungen. Auch deswegen ist möglicherweise der Umgang innerhalb der Kirche mit der knappsten Ressource überhaupt, mit der Zeit und gerade der Zeit anderer, kein leuchtendes Kapitel. Die Binnenoptimierung führt ferner dazu, daß die Institution sich intern filigranisiert.

Sie wird weiter und weiter ausdifferenziert in immer feinere Einzelgliederungen. Jeder bekommt gewissermaßen sein Kirchlein für sich. Jede Einrichtung, jeder Arbeitszweig in der Kirche steuert sich in ganz starkem Maße selbst. Dies sieht zunächst sehr positiv aus und ist in einem gewissen Umfang auch kirchengerecht, gerade nach evangelischem Kirchenverständnis. Doch weiß nach und nach niemand mehr, wer den Gesamtzusammenhang überblicken kann, geschweige denn wer was verantwortet. Binnenoptimierung und Filigranisierung führen notgedrungen zu einer Reduktion der Außenkontakte, sei es, weil die eigenen Kräfte bereits intern so intensiv gebunden sind, daß man nicht mehr in die Welt hinauszuwirken vermag, sei es aus inhaltlicher Defensivhaltung.

Die gefährliche Tendenz: *Kirchenleute machen Kirche für Kirchenleute.*

Was bleibt, ist ein Mangel an Standortbewußtsein und an Selbstbehauptungswillen der profilschwachen Organisation Kirche. Nur wer binnenorientiert ist, kann sich übrigens eine so kräftezehrende Beschäftigung mit eigenen Problemen leisten, die gesamtgesellschaftlich nur zu oft irrelevant, jedenfalls aber nachrangig sind (erinnert sei nur an den jahrelangen Streit über die Struktur der Militärseelsorge in den neuen Bundesländern oder die Frage der gelebten Homosexualität im Pfarrhaus). Das interne Fixiertsein auf die Probleme der Kirche ist ein Luxusverhalten, für das teuer bezahlt werden muß mit dem dadurch weiter wachsenden Desinteresse der Menschen und mit einem Außenbild, als ob die Kirche geradezu ins eigene Scheitern »verliebt« sei. Natürlich bleibt die Kirche unvermeidbar hinter ihrem Anspruch zurück, aber das kann doch nicht heißen, daß auch das in reichem Maße in der Kirche Gelingende gerade aus kirchlichem Mund zu oft mit einem masochistischen »Aber« kommentiert wird.

Aus der Binnenorientierung folgt ferner, daß in der Regel verzögert auf Einwirkung von außen reagiert wird. Verzögert bedeutet freilich in der Regel falsch. Das hat die weitere Folge, daß sich so organisierte Großeinheiten auf Dauer in kleinere Einheiten auflösen. In einer Zwischenphase kann man zunächst noch völlig gegensätzliche Positionen unter einem Dach vereinen, ohne dies als widersprüchlich zu erkennen. Jede Gruppe baut sich für ihre Ziele ihre eigene Struktur. Der finanzierende Rest ist dann die gescholtene »Amtskirche«. Institutionell-strukturell ist die Kirche freilich auf diesem Wege dabei, zu einer Art Rahmenkirche zu degenerieren. Verantwortlichkeiten in der Kirche werden zunehmend unklar, zugleich aber wird das Binnenklima nervöser und resignativer, das Wir-Gefühl der Mitarbeiter stirbt, etwa nach dem sich selbst freizeichnenden Motto: »Das ist nicht meine Kirche.«

Man kann es auch anders sagen: Die Kirche ist intern weithin sozialstaatlich organisiert, d. h. orientiert an der Zuteilung von Zuwächsen, Sicherheit und Besitzständen, von Rechten mehr als von Pflichten. So verhalten sich viele in einer Art innerkirchlicher wie gesamtgesellschaftlicher Subventionsempfängermentalität: »Die Landeskirche muß«, »Wir haben einen Anspruch«.

Intern lähmt sich die Kirche dadurch selbst, weil der jeweils »Schuldige« dingfest gemacht werden muß. Nach außen wird das Bild einer ermatteten Großorganisation mit abnehmendem Aktivitäts- und Profilierungswillen vermittelt

Glücklicherweise gibt es erste Zeichen für gegenläufige Tendenzen. Erst hier und da, aber doch tragfähig und vital wachsen Selbständigkeit und Selbstvertrauen in Kirchengemeinden und Kirchenkreisen, die nicht auf Lösungen und Anregungen »der Kirche« warten, sondern selbst anpacken, auf die eigene Lösungskompetenz vertrauen und damit auch inhaltlich Profil und Ausstrahlung gewinnen.

Nüchtern ist zuzugeben, daß erst die erheblichen Finanzprobleme der letzten Jahre praktische Veränderungen und Neuanfänge möglich gemacht haben. Ihre Inhalte laufen freilich nun Gefahr, von einer ausschließlich auf Finanzfragen konzentrierten Debatte in der Kirche verschüttet zu werden. Dabei muß ein neues Spannungsverhältnis entwickelt werden zwischen dem Gleichbehandlungsprinzip, das bisher das innerkirchliche Finanzsystem prägt und alle Gemeinden, Einrichtungen etc. nach identischen rein formalen Kriterien wie z. B. der Kirchengliederzahl gleich ausstattet, und der bewußten und akzeptierten Ungleichheit der finanziellen Leistungskraft. Sicher, das völlig ungeregelte freie Spiel der Kräfte verletzt das innerkirchliche Solidaritätsgebot. Aber von dieser Gefahr ist die Kirche weit entfernt. Akuter ist die ermattende Wirkung zu weitgehender Gleichheit der innerkirchlichen Finanzverteilungssysteme, die faktisch Lahmheit ungestraft läßt und dadurch Aktivität demotiviert. Es ist schlechthin widersinnig, daß im Rahmen einer schematisierten Stellenplanung eine kleine, aber hochaktive und ausstrahlende Kirchengemeinde ihre Pfarrstelle verliert, eine größere und matte Gemeinde ihre Pfarrstelle dagegen nur deshalb behält, weil sie mehr Gemeindeglieder zählt.

Auch die kirchenübliche Einteilung der Kirchenglieder in »Kerngemeinde« bzw. »Distanzierte«, »Randsiedler« und wie die verräterisch deklassierenden Begriffe für die zweite Gruppe auch lauten, deutet auf eine Binnenorientierung der Kirche, die es sich mit den Kriterien Innen und Außen einfach macht, zu einfach. Ausgeblendet wird dadurch nämlich die gesellschaftliche Differenzierung nach Milieus, die sehr viel aussagekräftiger ist als die Pauschalkategorie der »Distanzierten«.

Die immer besser ausgearbeitete soziologische Milieutheorie darzustellen, kann nicht ich unternehmen. Aber differenzierende Fragen aus diesem Blickwinkel darf die Kirche nicht länger verdrängen.

Genannt seien nur diese:

Welches Milieu ist der Kirche noch am nächsten, welches hat sich der Kirche am meisten entfremdet?

Ist die Annahme falsch, daß die Kirchenbindung relativ am stärksten in den Milieus ist, die stärker am Status quo orientiert, auf Sicherheit eingestellt und weniger auf dynamische Veränderung aus sind?

Wächst in der Kirche unter den Ehrenamtlichen der Anteil derer, die durch innerkirchliches Engagement einen Ausgleich für Mißerfolge und Statusverweigerung im »normalen« Leben suchen?

Grenzt das kirchliche Gemeindemilieu nicht eher aus, als daß es einlädt, weil in ihm weithin nur noch diejenigen zusammenkommen, die nach Mentalität und sozialem Status auch sonst zueinander passen? Der so engagierte und deswegen zunächst rundum positiv erscheinende Einsatz vieler Ehrenamtlicher wirkt, stammen diese überwiegend aus einem oder aus eng benachbarten Milieus, auf Mitglieder anderer Milieus ausgrenzend. Die nötige Balance von Nähe und Distanz wird gestört. Kirche muß auch Anonymität und Abstand zulassen und dafür Angebote bereithalten. (Darum sind übrigens offene Kirchentüren auch im Alltag so wichtig!) Es ist selbst in der Kerngemeinde nicht jedermanns Sache, sich dem Gruppenzwang des befohlenen Händegebens beim Abendmahl beugen zu müssen. So ist es auch nicht jedermanns Sache, sich von dem kirchlichen Milieu, das zunehmend gruppenorientiert, also eher eng geführt ist, vereinnahmen zu lassen, selbst wenn er sich bewußt und überzeugt als Christ versteht.

Nicht jeder äußerlich Distanzierte ist innerlich distanziert. (Der große Zulauf zu kirchlichen Angeboten in Feriengebieten mag auch damit zusammenhängen, daß hier die klassische Engführung des Gemeindemilieus aufgebrochen wird und zugleich Distanz erlaubt, ja kraft Natur der Sache – jeder fährt wieder ab – garantiert ist).

Was bedeutet dies für die Rekrutierung der Pfarrerschaft und ihre Amtsführung? Die Kerngemeinde, nach meiner Einschätzung zunehmend in der Gefahr einer andere ausgrenzenden Milieuverengung, darf nicht Arbeitskraft, Entwicklung, Persönlichkeit des Pfarrers so in Beschlag nehmen, daß er schließlich gewollt oder ungewollt Protagonist ebendieser Milieuverengung wird, statt sie zu überwinden.

Kirche als Organismus, nicht Organisation

Was kann getan werden? Niemand kann hier ein schlüssiges Generalkonzept geben. Das zu versuchen wäre leichtfertig. Kirche kann nicht nach einem Masterplan gesteuert werden. Sie ist viel weniger Organisation als Organismus.

Auch können erst recht nicht die großen geistesgeschichtlichen Linien durch Willensanstrengungen oder Struktur- oder Organisationsaktionismus verändert werden.

Wenigstens aber können und müssen die kirchlichen Instrumentarien so angepaßt werden, daß unterhalb der Ebene der großen selbst mittelfristig kaum beeinflußbaren Rahmenbedingungen die zeitgerechtesten Methoden und Strukturen für den zeitlosen Auftrag der Kirche verfügbar sind. Alle Anstrengungen müssen dahingehen, die Außenorientierung der kirchlichen Arbeit – nie in der Sache, wohl aber im Verfahren – zu fördern und Eigeninitiative zu ermöglichen und zu belohnen.

Immerhin, vieles, was heute etwa in der Wirtschaft weithin als zeitgemäße Organisationsstruktur propagiert wird, hat und praktiziert die Kirche längst: eine Struktur ortsnaher Eigenverantwortlichkeit und größtmöglicher Selbststeuerung, großer organisatorischer Flexibilität und professioneller Vielfalt. Denn die Kirchenkreise und Kirchengemeinden genießen als selbständige Körperschaft des öffentlichen Rechts große Autonomie innerhalb der Kirche wie nach außen. Der »Großbetrieb Kirche« besteht tatsächlich aus Tausenden von weithin unabhängigen Einheiten unter einem relativ hochgespannten Dach. Gegen diese Einschätzung wird sofort Widerspruch laut werden, ist doch der Vorwurf des Zentralismus, der Gängelungen, des erdrückenden Netzes von Vorschriften ein beliebter Allgemeinplatz innerkirchlicher Schwarzer-Peter-Spiele. Dezentralisierung und Delegation werden als Zauberformel dagegengesetzt, nicht zu Unrecht. Aber man soll nicht zuviel davon erwarten.

So führt genaueres Hinsehen auf die kirchliche Realität zu mancher Überraschung, wie folgende Erfahrungen zeigen. Im März 1995 hat die Evangelisch-lutherische Landeskirche Hannovers – amüsanterweise auf Anregung des Landeskirchenamtes, also der »Amtskirche pur« – in großer Breite Erprobungsverfahren in Gang gesetzt. Da Grundsatzdiskussionen über ein Zukunftsleitbild von Kirche in aller Regel sehr lange dauern und dann allenfalls sehr abstrakte, also folgenlose Ergebnisse bringen, wurde hier statt eines deduktiven ein induktives Verfahren eingeschlagen. Alle Kirchengemeinden, Kirchenkreise, Einrichtungen und Werke in der Kirche wurden zu Vorschlägen eingeladen: Wie können Arbeitsweisen, Organisation, Rechtssystem etc. so verändert werden, damit in der Kirche einladender und überzeugender gearbeitet und mehr Menschen erreicht werden, kurz: damit die Außenorientierung der Arbeit Priorität gewinnt.

Das Ergebnis war bemerkenswert. Mehr als 1000 Einzelideen, Anregungen und Kritiken gingen ein. Einige konnten gleich für die Kirche als ganze umgesetzt werden. Andere werden nun zunächst für einige Zeit in jeweils einigen Gemeinden und Kirchenkreisen erprobt, um festzustellen, ob sie zukünftig für die ganze Kirche brauchbar sind. Hier laufen die verschiedensten Projekte von der regionalen verbindlichen Zusammenarbeit mehrerer Kirchengemeinden bis zur Budgetierung für Kirchenkreishaushalte, vom gemeinschaftlichen Einsatz der personellen Ressourcen für einen ganzen Kirchenkreis, losgelöst von den bisher bestimmenden Parochialgrenzen bis zur örtlichen Teileigenfinanzierung von Pfarrstellen, von der vereinfachten Gremienstruktur in Kirchenvorständen bis zu verbindlich abgestimmten Gottesdienstplänen für eine ganze Region und vieles andere mehr.

Die Ergebnisse werden kontinuierlich evaluiert und mit dem Auslaufen des Erprobungsgrundlagengesetzes zum Ende des Jahres 2001 daraufhin bewertet werden, was generell für die ganze Landeskirche übernommen werden kann. Von grundsätzlicherer Bedeutung als diese natürlich nicht revolutionären, dafür aber machbaren Erprobungen war und ist die erstaunliche Erkenntnis, daß der weit überwiegende Teil der Vorschläge bereits schon früher in der vorhandenen Struktur der Kirche und ohne jede Rechts- und Organisationsveränderung hätte umgesetzt werden können. Offenbar wirkt noch in zu vielen kirchlichen Köpfen eine Schere, die auch ohne weiteres umsetzbare Innovationen abschneidet in vorauseilendem Gehorsam vor angeblichen Grenzen und Verboten, die es freilich gar nicht gibt. Dies wird zwar nicht gern gehört, aber ich bin überzeugt:

Der Gestaltungsraum ist in der Kirche so groß wie in keiner anderen Institution im Lande und wird bei weitem noch nicht ausgeschöpft.

Dies wird auch durch die Tatsache belegt, daß nach ein und demselben Rechts-, Organisations- und Finanzrahmen aktive und inaktive, außenorientierte und hermetisch verschlossene, überzeugende und kümmerliche Gemeinden arbeiten, Gemeinden so unterschiedlichen Profils, daß in Zukunft viel stärker das Problem des auseinanderdriftenden Kongregationalismus vor uns steht als eines des zentralistischen Dirigismus.

Die innerkirchlich sehr beliebte Klage, durch die Regelungsdichte werde das kirchliche Leben stranguliert, ist beim näheren Hinsehen in aller Regel nichts anderes als eine Schutzbehauptung. Hierzu zählt auch die Erkenntnis, daß z. B. die Pastoren und Pastorinnen eines Kirchenkreises der hannoverschen Landeskirche nach wohlgemerkt eigener Einschätzung 16 % ihres gesamten Arbeitsaufwandes für Verwaltungstätigkeit inklusive Kirchenvorstands- und Gremienarbeit – also für die ganze Breite der Leitung und Organisation der Kirchengemeinde – ansetzen. Dies ist sicher ein weiter reduzierbarer Anteil, aber 16 % sind wahrhaftig kein Beweis für die allgemeine Klage: »Die Verwaltung frißt mich auf.«

Am Rande bemerkt: Nicht alles kann man gleichzeitig haben. Denn die scheinbar gegensätzlichen Begriffe »Demokratisierung« und »Bürokratisierung« schließen einander nicht aus, sondern bedingen sich sogar: Je mehr Partizipation, um so mehr bürokratische Betreuung; je höher der verfahrensmäßige Aufwand, um so lauter wird die Forderung nach Mitbestimmung. Demokratisierung vermehrt nun einmal den Bedarf an Gremien, Sitzungen, Verfahren, also an Bürokratie. Dies wird gerade in der Kirche gern verdrängt mit der Folge, daß in ihrem Beruf voll eingespannte und besonders erfolgreiche Laien in immer weniger Fällen bereit sind, im zeitverschlingenden Gremiendschungel der Kirche mitzuarbeiten.

Das wesentlich größere und schwierigere Problem auch und gerade in der Kirche ist also eines der Köpfe, der Mentalitäten, der handelnden Menschen und nicht der Organisation, der Finanzen und des Rechts. Daß auch auf diesen Feldern Reformen unumgänglich sind, verlangen schon die sich nachhaltig ändernden allgemeinen Rahmenbedingungen der Kirche. Ich behaupte auch beileibe nicht, daß alle Hausaufgaben auf dem institutionellen Felde der Kirche gemacht seien. Ich behaupte aber, daß wir dort weiter sind als in der inneren, der geistigen, der geistlichen Verständigung über den gemeinsamen zukünftigen Weg. Aus dem Kernproblem, daß eine lebendige und ausstrahlende ekklesiologische Debatte fehlt – jedenfalls ist sie nicht in der kirchlichen Öffentlichkeit angekommen –, ist nach meiner Einschätzung noch nicht einmal ein bewußtes Thema gemacht worden. Statt dessen wird hier und da der Vorwurf erhoben, in der Kirche hätten die Finanzen und das Recht zuviel zu bestimmen, die Technokraten seien auf dem Vormarsch. Wenn es denn so wäre, wäre es freilich kein Vorwurf gegen diese, sondern zuerst eine Defizitanzeige in Richtung auf Theologie und Theologen. Nun werden wir auf eine zündende protestantische Ekklesiologie nicht warten können, und vielleicht ist dies auch ein Widerspruch in sich selbst.

So bleibt in den jetzigen Umbauzeiten vor allem anderen der Blick auf die zentrale Frage der Ausbildung, der Auswahl, des Einsatzes, der Motivation, der Begleitung, der Fort- und Weiterbildung der Mitarbeiter und Mitarbeiterinnen der Kirche. »Auf die Menschen kommt es an.« Zugegeben, auch das ist keine neue, keine originelle und zunächst keine spezifisch kirchliche Auffassung. Doch gilt sie in der Kirche mehr als überall sonst. Kirche und Glauben kann man nicht theoretisch erlernen, sondern nur erleben, nur in Gemeinschaft entfalten. Zudem steht jeder, der in der Kirche haupt- wie übrigens auch ehrenamtlich mitarbeitet, in der allgemeinen Wahrnehmung zugleich für »die Kirche« insgesamt. Und das wichtigste: Mission, die Zukunftsaufgabe der Kirche in unserem Lande schlechthin, kann nur über Menschen gelingen, nicht über Institutionen.

Vor allem anderen gilt dies für die Schlüsselfunktion in der Kirche, für die Pfarrer und Pfarrerinnen. Entgegen der landläufigen, jedenfalls innerkirchlich geäußerten Mehrheitsmeinung – im Sinne einer kirchlichen political correctness – erscheint mir diese Schlüsselfunktion notwendig. Mit dem Ruf »nieder mit der Pastorenkirche« wird weithin gegen einen Popanz angerannt, werden Schlachten von gestern heute beharrlich wiederholt, obwohl die Problemlage eine andere ist.

Natürlich: Pfarrerdominanz, unzeitgemäßer Umgang mit ehren- wie hauptamtlichen Mitarbeitern, unzureichende Managementqualifikation und vieles mehr gibt es, und hier muß vieles auch besser werden. Aber mir scheint, daß die innerkirchliche Debatte dabei ist, das Kind mit dem Bade auszuschütten. Der Grundsatz des Priestertums aller Gläubigen gehört auf eine andere Ebene als die der Definition kirchlicher Berufe, ihrer professionellen Anforderungen, ihres jeweiligen Amtsverständnisses, haupt- wie ehrenamtlich. Dieser Grundsatz darf nicht zur Nivellierung und damit faktisch zur Qualitätsminderung aller kirchlichen Berufe werden nach dem Motto: »Von Kirche und Theologie verstehen wir doch alle gleich viel.« Priestertum aller Gläubigen meint nicht liebenswürdigen Dilettantismus in der jeweiligen konkreten kirchlichen Aufgabe und vor allem nicht in Fragen theologischer Relevanz. Wer mag sich denn noch sicher sein, daß der Kleine Katechismus zur jederzeit präsenten Grundkenntnis aller ehren- wie hauptamtlichen Mitarbeiterinnen und Mitarbeiter der Kirche gehört? Theologische Ignoranz darf nicht durch Kundenorientierung der kirchlichen Angebote überspielt werden.

Das Berufsbild des Pfarrers

Daher: Der Pfarrer soll soweit wie irgend möglich Pfarrer sein, wieder mehr, wieder unverwechselbarer Pfarrer sein. Dieser Wunsch ist überall zu hören, bei Pfarrern und Pfarrerinnen selbst, ebenso wie bei kirchlichen Insidern und der eher kirchenfernen Öffentlichkeit, hier übrigens besonders deutlich. Was aber ist die Aufgabe eines evangelischen Pfarrers, einer evangelischen Pfarrerin, was ist die Leistung, die zu fordern und zu fördern ist? Dies ist eine Kernfrage für die Kirche, denn schließlich geht es hier nicht nur um ein mit vielen anderen vergleichbares Amt in der Kirche, sondern es geht um das zentrale Amt in der Kirche. Ohne geistliches Amt ist das Priestertum aller Gläubigen in unserer kirchlichen Situation nicht denkbar. Der Pfarrer, die Pfarrerin hat nun einmal eine Schlüsselstellung in der Kirche. Ansehen und Wirksamkeit der Kirche stehen und fallen in extremem Maße mit dem Pfarrer. Man mag dies einseitig finden, aber es ist so, und es wird so bleiben. Dagegen frontal anzurennen ist in einer Kirche widersinnig. Sinnvoll ist allein die Frage, wie diese Schlüsselstellung so gestaltet wird, daß sie möglichst viele Türen öffnet, fremde wie eigene Gaben freisetzt, Menschen erreicht, Grenzen überschreitet und sich nicht in sich selbst oder gar in Privilegien verschließt.

Daher sind die wichtigsten kirchlichen Personalentscheidungen die Einstellungen der Pfarrer und Pfarrerinnen. Daß der Ausbildung an den Universitäten und in den Predigerseminaren damit besonderes Gewicht zukommt, ist offenkundig. Dies ist ein weites und leider in meinen Augen oft nur unzureichend bestelltes, aber ein anderes Feld. Für die Kirche selbst bleibt der Filter der Einstellung, also die Auswahl bei der Aufnahme in den Probedienst. Dieser Filter hat über Jahrzehnte hin so gut wie keinerlei zusätzliche Wirkung gehabt.

Angesichts zahlreicher Vakanzen in den siebziger Jahren und der anschließenden verständlichen, teilweise aber auch übermäßig empfundenen Verpflichtung, möglichst viele Bewerber aufzunehmen, ist bis vor wenigen Jahren nahezu jeder auch eingestellt worden, der das Zweite Examen wie auch immer bestanden hatte. Ich habe diese Automatik immer für falsch, ja für grob fahrlässig gehalten. Eine Institution wie die Kirche, die sich in einer Krise befindet, kann sich grundsätzlich nur gute Mitarbeiter erlauben. Die Dynamik einer Organisation ist um so größer, je stärker ihre entscheidenden Mitarbeiter diesen Eckpunkten verpflichtet sind: dem Leistungsprinzip, der Bereitschaft zur Erfüllung von Pflichten und der Bereitschaft zur persönlichen Verantwortung.

Da ist die Kirche nicht immer aufmerksam genug gewesen. Nun freilich verkehrt sich der viel zu breite Einstellungskorridor früherer Jahre für die gegenwärtige Generation der Berufsanfänger in einen unerträglichen Engpaß. Selbst gut, ja exzellent Qualifizierte haben jetzt nicht mehr eine angemesse Chance, in den Dienst übernommen zu werden. Gleichwohl muß unbedingt ein Einstellungskorridor offengehalten werden, unbeschadet aller Finanzprobleme. Anderenfalls würde die Kirche, die in besonderem Maße auf die Innovationsfähigkeit und die jeweils neue Mentalität nachwachsender Generationen angewiesen ist, strukturell vergreisen, von der existenzgefährdenden Fernwirkung für den Bestand der theologischen Fakultäten ganz zu schweigen.

Vom Pfarrer wird fast alles erwartet. »Profi« in Gottesdienst, Seelsorge, Jugendarbeit, Altenarbeit, Diakonie, Mission, Ökumene und Unterricht, theologischer Fachmann ebenso wie engagierter Mitdenker in den Berufs- und Familiensorgen seiner Gemeindeglieder, Animateur für die geistlichen, ebenso wie für die geselligen Wünsche von Gemeindegliedern, Arbeitgeber und Manager ebenso wie Mitbruder, Mittelpunkt von Ruhe und Spiritualität, eindrucksvolles Vorbild ebenso sowie »einer von uns«.

Ein breiteres Berufsbild ist kaum denkbar! Kein Wunder, daß es an den Rändern leicht ausfranst, daß die Verhaltensweisen zwischen Überarbeitung, Selbstausbeutung und Frustration einerseits und beschaulicher, selbstgenügsamer Nischenexistenz, die je nach persönlicher Neigung nur selektiv tätig wird, andererseits schwanken. Einsatz und Motivation der großen Mehrzahl der Pfarrer und Pfarrerinnen sind freilich zu rühmen. Der Beruf des Pfarrers ist einer der offensten, der freiesten Berufe in unserer Gesellschaft und damit – von seinem anspruchsvollen Gegenstand ganz zu schweigen – auch strukturell einer der schwierigsten. Denn es ist Sache jeden Pfarrers, jeder Pfarrerin, den eigenen Beruf Tag für Tag weithin in ganz eigener Verantwortung zu definieren. Diese Selbstdefinition des Pfarrerberufes birgt tendenziell eine Überforderung. Zudem verstärkt sie das »Einzelkämpfertum«, neigt doch jeder, der seinen Beruf so frei selbst definieren und organisieren kann und muß, nicht von sich aus zu verbindlicher und dauerhafter Kooperation. Distanz voneinander liegt da näher und schützt auch vor zu tiefen Einblicken Dritter in die jeweilige Arbeitsweise.

Die gemeinschaftliche, nicht die individuelle Verständigung über das Berufsbild ist daher eine überfällige Aufgabe in der Kirche. Das Berufsbild darf ebensowenig einseitig zentral vorgegeben werden, wie es der subjektiven Beliebigkeit des einzelnen überlassen bleiben darf. Aus diesem weiten Feld können hier nur einige Facetten angesprochen werden. In allen Landeskirchen ist die Debatte über ein präziseres Berufsbild allmählich in Gang gekommen, sicher auch beflügelt durch die seit einigen Jahren eingerichteten halben und dreiviertel Dienstaufträge. So hat sich die Debatte zunächst auch an eher Vordergründigem, am Arbeitsumfang, festgemacht.

Hierzu zeichnet sich als Generallinie ab: Die »Pflicht« – also das, was zum Grundbestand gehört, den jeder zu leisten hat – muß für den Normalfall so definiert sein, daß sie die Kapazität nicht voll auslastet, sondern einen angemessenen Anteil freiläßt für das, was jeweils nach einzelnen gemeindlichen oder persönlichen Schwerpunkten dann als »Kür« zusätzlich und individuell geleistet werden kann. Bei der »Pflicht« ist zwar verbal Allgemeingut, daß die Amtshandlungen, die Kasualien – beides leider ziemlich leblose Begriffe – besondere Liebe und Phantasie verdienen, denn nur sie machen den allermeisten Menschen die Kirche und ihre Botschaft anschaulich. Erreicht ist dieses Ziel flächendeckend aber durchaus noch nicht. (Schon Kleinigkeiten können viel bewirken, wie etwa ein Brief des Pfarrers am 1. Jahrestag der Taufe, der Trauung, der Konfirmation, des Trauergottesdienstes. Mit dem PC im Pfarrbüro ist das ohne viel Arbeitsaufwand zu organisieren.)

Ferner besteht – glücklicherweise – jedenfalls in der hannoverschen Landeskirche Konsens darüber, daß für den Pastorenberuf keine stundenweise Festlegung in Betracht kommen darf. Es geht um ein öffentliches Amt, einen Dienst, der per definitionem nicht nach 40-Stunden-Wochen strukturiert werden kann und darf. Das darf natürlich nicht zum völligen Verlust von Freizeit und Privatheit führen. Müßte aber nicht auch und gerade für die Kirche gelten, was Rohrreinigungsunternehmen, Schlüsseldienste oder Bestatter selbstverständlich propagieren? »Wir sind rund um die Uhr für Sie erreichbar!« Natürlich kann und muß das der Pfarrer oder gar seine Familie nicht allein bewerkstelligen. Das wäre eine unmenschliche Erwartung.

Aber warum gibt es so selten eine gut organisierte sofortige Erreichbarkeit der Kirche, der Kirchengemeinde, warum wirkt Kirche in allen ihren Erscheinungsformen für den leichtfertig so genannten »Randsiedler« – immerhin die Mehrheit der Mitglieder der Kirche – so hermetisch, so unzugänglich? Kirchen und Pfarrhäuser sind oft die Gebäude, die schon äußerlich sehr verschlossen wirken.

Das Berufsbild präziser zu beschreiben trifft auf eine kirchliche Besonderheit: die unerläßliche persönliche Identifikation mit dem Auftrag, die Freiheit der Aufgabengestaltung, also die »Selbstdefinition«, und das aus dem kirchlichen Selbstverständnis folgende große Streben nach Harmonie, dieses alles führt dazu, daß die Fähigkeit und die Bereitschaft, sich wechselseitig kritisch, fordernd und damit auch fördernd zu begleiten, in der Kirche zu oft unterentwickelt sind. In der Kirche wird Kritik in einer konkreten Sache viel zu schnell als generelle Kritik an der Person und ihrer inneren Haltung zum Auftrag der Kirche überinterpretiert.

Das offene Gespräch über das, was geplant ist, was dann konkret getan wird und was schließlich an sichtbaren Erfolgen oder Mißerfolgen erreicht worden ist, wird noch zu selten und auch zuwenig professionell geführt. Zu rasch werden gegen Kritik Schutzzäune aufgebaut, wie etwa die Freiheit der Verkündigung, die innere und äußere Unabhängigkeit des Pastors. Aber die in der Tat zu achtende Freiheit der Verkündigung ist doch nicht schon dann berührt, wenn nach präziser Arbeits- und Zeitplanung und den Resultaten der eigenen Arbeit gefragt wird. Daher kommt es nicht selten vor, daß Konflikte und Defizite zu lange unausgesprochen bleiben mit der Folge, daß sie alsdann um so schärfer und belastender ausbrechen. Hier gibt es zuwenig Offenheit und zuviel Konfliktscheu in der wechselseitigen Begleitung der konkreten Sacharbeit.

Dies alles verfestigt sich zu fundamentalen Widerständen gegen verbindliche, zielorientierte und auch abgefragte Zusammenarbeit. Kaum ein Wort kommt so häufig in der Kirche vor wie Gemeinschaft. Kaum eine Institution hat es aber so schwer, ihre wahrhaft beeindruckenden Ressourcen zielorientiert gemeinschaftlich einzusetzen. Eine Vielzahl engagierter, aber unabgesprochener Einzelaktivitäten spannt die Kräfte voll an und läßt sie gleichwohl zu häufig verpuffen.

Die Parallelität eines überall ziemlich gleichen, sehr breiten und daher in der Regel nur durchschnittlich gelingenden Leistungsangebots ist noch immer das übliche Arbeitsmodell der Kirche auf der Gemeindeebene, aber auch in und zwischen den Landeskirchen. Zukunftsfähig ist aber allein eine verbindliche Kooperation sich ergänzender Angebote auf jeweils anspruchsvollem Niveau. Welche Gemeinde kann denn z. B. anziehende Jugendarbeit, gute Kirchenmusik und überzeugende Angebote für junge Familien gleichzeitig leisten?

Ein anderes Beispiel: Der Religionsunterricht an der Schnittstelle von Staat, Gesellschaft und Kirche ist öffentlich zunehmend umstritten. So müßte es selbstverständlich sein, daß dieses Feld auch auf Gemeinde- und Kirchenkreisebene beackert, die Religionslehrer wahrgenommen, das Gespräch gesucht würde, kurz, daß dieses Thema kirchlich erste Priorität bekäme. Was ist im Alltag zu beobachten? Die regionalen religionspädagogischen Arbeitsgemeinschaften, in denen Religionslehrer und Kirche zusammenkommen sollen und können, leiden vor allem an der Abwesenheit der Pfarrer. Die Kirche überläßt die Prioritätensetzung nahezu ausschließlich der subjektiven Neigung der haupt- und ehrenamtlichen Amtsträger in den Gemeinden und ist damit gegenüber neuen Herausforderungen nicht »kampagnefähig«. So vermag sie keine Themen zu setzen, keine Debatten anzustoßen, nicht als ganze zu handeln und ihre Kräfte zu konzentrieren, dies selbst nicht in Feldern, in denen es wie etwa beim Religionsunterricht um gesellschaftliche und kirchliche Kernpositionen geht.

Das Loyalitätsgefühl – was bekanntlich nicht kritiklosen Gehorsam meint – zur sichtbaren Gemeinschaft der Kirche ist schwach entwickelt, leider auch in der Pfarrerschaft. Daß auf diesem Wege des Einzelkämpfertums auch in der Medienwelt von heute keine Präsenz zu erreichen ist, sei nur am Rande vermerkt. Freilich, manche sonst üblichen Methoden zur Leistungsbegleitung und Leistungsförderung, zur Verbesserung der Kooperation, auch zum innovativen Wettbewerb, fehlen in der Kirche, und zwar zu Recht. So gibt es keine materiellen Anreizsysteme für den einzelnen Pfarrer. Wonach sollten sie sich – von genau definierten und objektivierbaren Zusatzaufträgen einmal abgesehen – auch richten? Wer will die über Wochen gehende seelsorgerliche Betreuung eines Suizidgefährdeten, die ganz im stillen geschehen muß, für geringer achten als eine Fülle sichtbarer und meßbarer Aktivitäten?

Ein zusätzliches singuläres Kriterium tritt hinzu. Von keinem anderen Beruf in unserer Gesellschaft wird eine so große Entsprechung von Amt und Privatleben erwartet. Wer dies leugnet, wird spätestens in Konfliktfällen von der Gemeinde ebenso wie von der weiteren Öffentlichkeit eines Besseren belehrt. Ich halte dies übrigens auch trotz aller damit verbundenen besonderen Anforderungen für richtig und unaufgebbar. Natürlich müssen Bote und Botschaft unterschieden werden. Aber das private und familiäre Verhalten der Boten darf keine Gegenpredigt zur Botschaft sein. Persönliche Biographie und kirchlicher Auftrag müssen in einer sonst so niemandem abverlangten Weise miteinander vermittelt werden. Die kirchlich übliche Beschwörungsformel »es gibt keine Sonderethik für Pfarrer« vernebelt die dringend nötige Verständigung für die Amts- und Lebensführungspflichten von Pfarrern und Pfarrerinnen. So wie sich der Arzt als Arzt, der Richter als Richter zu verhalten hat, hat sich der Pfarrer als Pfarrer zu verhalten: Er hat sich zum einen an dem auszurichten, was für alle Bürger im Lande gilt; er hat sich zum zweiten an das zu halten, was für alle Christen gilt, und dabei wird von ihm erwartet, daß er sich klarer und verläßlicher daran hält; drittens schließlich hat er sich an Anforderungen zu halten, die Pfarrer als solche betreffen und sich aus ihrem Amt ergeben.

Es geht also, wie die dritte Anforderungsebene zeigt, nicht nur um Fragen der Intensität in der Einhaltung von für jeden Christen geltenden Anforderungen, sondern es geht zusätzlich auch um strukturell andere Anforderungen. Wer den Beruf – keinen Job, keine Beschäftigung – als Pfarrer ausübt und in der Ordinationsverpflichtung eine auftragsgemäße Amts- und Lebensführung verspricht, ist natürlich kein qualitativ anderer, kein besserer Mensch als alle anderen, aber er hat originäre Rechte – die bekanntlich die Stellung eines Pfarrers unvergleichlich unabhängig und gesichert, vielleicht sogar zu gesichert gestalten – und eben auch Pflichten. Letztere sind danach zu bestimmen, daß er mit seiner Person, seinem Verhalten nicht den Auftrag verdeckt oder verdunkelt, dem er und die Kirche verpflichtet sind. Eine ein für allemal feststehende Checkliste kann es nicht geben. Insoweit ist manches aus dem weiteren Umfeld der Anforderungen zeitbedingt, aber eines gehört zum unaufgebbaren Kernbestand: Lebensführung, Privatleben und Amt dürfen nicht beziehungslos voneinander getrennt werden, auch wenn die gesellschaftliche Entwicklung dies heute in sämtlichen anderen Lebensbereichen propagiert. Das Amt des Pfarrers, der Pfarrerin ist ein Amt sui generis, das in einem sonst von keinem anderen Beruf und Amt in unserer Gesellschaft verlangten Umfang Authentizität der Person erwartet. Dies heißt beileibe nicht die Nähe zur Fehlerlosigkeit, das wäre inhuman. Authentizität heißt auch Recht und Mut zum eigenen Gesicht, zum unverwechselbar Individuellen, zur bunten Vielfalt der Persönlichkeiten der Pfarrer und Pfarrerinnen und heißt nicht Anpassung an ein DIN-Pfarrerbild abstrakter Natur. Aber es heißt eben auch ja zum Amt und seinen speziellen Pflichten.

Der Begriff des Amtes, des geistlichen Amtes, als der gemeinsamen Basis ist freilich unmodern geworden, nicht zuletzt durch das zum Kampfbegriff verkommene Wort »Amtskirche«. Zu ihr will niemand gehören, auch wenn er ein Amt in der Kirche hat. Amtskirche, das sind immer die anderen. Freiheit, Selbstbestimmung, Offenheit und Vielfalt werden als Gegensatz zur Institution, zur Amtskirche verstanden, die als hierarchisches, ordnendes, eingrenzendes, ja gelegentlich menschenfeindliches und allemal glaubenshemmendes System verdächtigt wird. Dies ist eine der vielen falschen Alternativen unserer kirchlichen Debatte. Vielfalt und Freiheit, Einheit und Ordnung sind aufeinander bezogen, und nur in ihrer Balance entsteht eine auftragsgemäße Struktur kirchlicher Arbeit. Ein konstitutives Element hierfür ist das Amt, ist die Befugnis, für andere verbindlich zu entscheiden, und zwar nach präzise bestimmten Grundsätzen. Damit wird die Tätigkeit vorhersehbar, nachprüfbar, sie ist eingegrenzt und nicht ins Belieben des Amtsträgers gestellt. Nicht aus eigenem Recht erwächst die Amtsbefugnis, sie ist übertragen und kann daher auch wieder entzogen werden. Verbindliche inhaltliche Vorgaben, abgeleitet vom Verkündigungsauftrag der Kirche, und Verfahrensregeln nach der Ordnung der Kirche geben dem

Amt seinen Rahmen. Vor allem aber hat sich jeder Amtsinhaber für seine Amtsführung zu verantworten. Ein Amt innezuhaben bedeutet nicht, Herrschaft auszuüben, sondern eine definierte Pflicht zu erfüllen, einen Dienst zu leisten. Zurechenbare Verantwortung, im Falle des schuldhaften Versagens auch einmal Sanktionen, aber ebenso auch zurechenbaren Erfolg kann es kraft Natur der Sache nur für einzelne, nie in und für Gremien geben. Aus christlicher Sicht und besonders in der protestantischen Tradition sollte uns an personaler Verantwortung doch besonders gelegen sein. Wie verträgt sich das mit dem kaum einzudämmenden Wuchern von Gremien, Ausschüssen, Arbeitskreisen aller Art in der Kirche? Verantwortung versickert in ihnen ins Ungewisse, Inhalt und Sprache werden farblos und beliebig. Zwar soll auf diesem Wege Partizipation erreicht werden, doch Unübersichtlichkeit und Beratungsaktionismus ohne konkrete Folgen sind nur zu oft das Ergebnis. Bietet eigentlich die »Gremienkirche« den richtigen Boden für die Entwicklung authentischer Pfarrerpersönlichkeiten oder eher für gewandte Moderatoren? (Von der abschreckenden Wirkung auf potente Laien war schon die Rede.)

Das definierte Amt bewahrt den Inhaber auch davor, seine individuellen Ansichten, seine Präferenzen und Stimmungen ungefiltert zum Maßstab seiner Arbeit zu machen. So kann das Amt Subjektivismus und publizitätssüchtigen Aktionismus begrenzen, in der Kirche nicht unbekannte Gefährdungen angesichts mancher modischer Beliebigkeit kirchlicher Verkündigung. Klare Aufgabenstellung, klare Verantwortung, regelmäßige Rechenschaft und damit Leistungsbegleitung sind Essentialia eines Amtes und zugleich Voraussetzungen für Effizienz und Erfolg der Institution, die die Ämter vergibt. Wer dieses in der Kirche will, muß also beginnen mit einer Debatte um konkrete, jeweils einzelnen Menschen zugewiesene Ämter, Haupt- und Ehrenämter, und nicht mit einer Debatte um gremienorientierte und damit anonyme Strukturen.

Vor allem aber muß der Amtsbegriff und das Amtsverständnis von der Pfarrerschaft selbst zupackender und ins Positive gewendet diskutiert und zeitgerecht fortentwickelt, nicht aber als grundsätzlich bedenklich diskreditiert werden. Die Pfarrer und Pfarrerinnen sollten hier aus dem Winkel des resignierten Abwartens heraustreten. Das Amt des Pfarrers ist und bleibt in gewisser Weise archaisch, steht quer zu jeder Zeit, quer zu allen anderen Lebens- und Berufsentwürfen in unserer Gesellschaft.

Es wäre ein Unglück für die Institution Kirche, würde es im Sinne einer falsch, nämlich gleichmacherisch verstandenen kirchlichen Dienstgemeinschaft reduziert auf bloß zuarbeitende Fachkompetenz in theologischen Sachfragen, beschränkt auf eine auswechselbare Funktion. Funktionäre bzw. Religionsbeamte wären die Folge. Damit wird kein Blankoscheck für eine pastorale Allzuständigkeit ausgestellt. Ganz im Gegenteil wäre hier selbstkritische Zurückhaltung nicht weniger Pfarrer und Pfarrerinnen in vielen kirchlichen und außerkirchlichen Aufgaben sehr dienlich. Weder sie noch die Kirche als Ganzes verfügen über politisches, ökonomisches, naturwissenschaftliches oder sozialpolitisches Sonderwissen. Sie sind insoweit nur Wettbewerber neben anderen.

Spuren des verborgenen Reiches Gottes in dieser Welt sichtbar machen, das hingegen ist die schwere, aber zugleich originäre Aufgabe. Das kann nicht glaubhaft gelingen, wenn man zu jeder Frage eine Antwort hat. Aber das verlangt, mitten in der Welt zu stehen, die Neugier für Menschen nicht zu verlieren und ihre Lebens- und Alltagswirklichkeit zu kennen und immer neu kennenzulernen. Im Alltag der Welt dazwischen sein und doch nicht in ihm aufgehen, die Sprache der Zeit sprechen und doch nicht anbiedernd in den Jargon der Zeit verfallen oder in den internen Kirchenton flüchten: Warum gelingt gerade dies alles sowenig? Warum sind die Worte »pastoral« und »Predigtstil« im allgemeinen Sprachempfinden rundum negativ besetzt? Findet die Gebrochenheit des Lebens in der kirchlichen Sprache und Welt nur verbal und reduziert auf eine biedermeierliche Betroffenheitsrhetorik, nicht aber existentiell, authentisch ihren Ausdruck? Kaum zu bezweifeln ist ja, wie unglaubhaft zu viele der angeblich »aus dem Leben gegriffenen Geschichten« sind, die die kirchliche Verkündigung und Predigt konkret machen sollen und denen man ihre Konstruiertheit, ihren schwer erträglichen Traktätchencharakter anmerkt.

Es kann natürlich kein Patentrezept für Authentizität der Verkündigung geben. Aber sollte nicht wenigstens im Kleinen, im Machbaren nach Bausteinen dafür gesucht werden? Warum arbeitet z. B. nicht jeder Pfarrer, jede Pfarrerin alle zehn Jahre für drei oder sechs Monate in einem beliebigen weltlichen Beruf, als Verkäufer oder in der Fabrik, im Krankenhaus oder in einem Praktikum auf der Führungsetage eines Unternehmens? Die Kirche kann weiterhin für den angemessenen Unterhalt sorgen, niemandem wird auf dem Arbeitsmarkt ein Arbeitsplatz streitig gemacht.

Jeder Pfarrer erführe dann unmittelbar, was die Menschen bewegt, sein Blick für die Wirklichkeit würde schärfer, seine und damit die Sprache der Kirche würde verständlicher, schlichter und zurückhaltender mit raschen Antworten, kurz glaubwürdiger. Schon das Faktum eines solchen flächendeckenden konkreten, personalen und nicht nur verbalen Aufbruchs aus geschützten Zonen würde frischen Wind der hilfreichen Verunsicherung ebenso wie neue persönliche und auch institutionelle Erfahrungen in die ganze Kirche bringen. Die kirchliche wie die säkulare Öffentlichkeit würde über die Dynamik und das Selbstbewußtsein einer vermeintlich verkrusteten, privilegienorientierten Institution und der Inhaber ihres zentralen Berufes staunen. Der Beruf des Pfarrers wird in der Regel weiterhin ein lebenslanger Beruf sein, anders als zukünftig die Berufsbiographien von immer mehr Menschen. So wird jeder hilfreiche Zwang um so wichtiger, die Realität jenseits der

Kirchenmauern elementar zu erleben. Das Leben ist bunter und härter als viele, die in den klassischen kirchlichen Berufen arbeiten, wissen und wissen wollen. Kein Kontaktsemester an der Universität, kein Pastoralkolleg kann diese Erkenntnis so elementar und authentisch vermitteln. Eine solche Aktion könnte wohl auch das Selbstmitleid mancher kirchlicher Amtsträger fortblasen.

Nichts steht in praxi einem solchen Eintauchen in die Realität entgegen, alles spricht für diesen endlich einmal konkreten und nicht nur verbalen Ausbruch aus den Kirchenmauern. Aber noch sind kirchliche Binnenorientierung und kleinbürgerliche Ängstlichkeit größer als der Mut selbst zu einem so harmlosen Wagnis.

Freilich bliebe das bloße Eintauchen in die Alltagsrealität der Menschen kurzatmiger Aktionismus, wenn nicht die lebenslange theologische Neugier, das lebenslange aktive Interesse an Theologie, das persönliche gemeinschaftliche Ringen um Glaubensfragen das intellektuelle Fundament, vor allem aber das geistlich-spirituelle Fundament tragfähig erhält. Eine lebensnahe, eine das Leben liebende und daher sich auf das Leben einlassende, also auch eine verständliche (was ja nicht heißen muß niveaulose) Theologie, das offene, streitige und lebhafte Ringen über Glauben und Zweifel, dies ist in unserer Kirche und in der Pfarrerschaft so wichtig wie lange nicht.

Die letzten Jahrzehnte glaubten wir uns jedenfalls im Westen Deutschlands aus der Realität hinwegstehlen zu können angesichts der saturierten finanziellen und rechtlichen, also der äußeren Lage der Kirche. Aber kein Geld, kein Recht, keine Organisationsform kann in der Kirche auf Dauer ersetzen, was an geistigen, geistlichen, spirituellen Kräften fehlt. Umgekehrt freilich, wie die Geschichte zeigt, kann geistliche und spirituelle Kraft sehr wohl die die Kirche über Gebühr beschäftigenden Zahlen und äußeren Fakten auf den Platz verweisen, auf den sie gehören: allenfalls den zweiten.

Wenn nicht die Theologie, verstanden als Übersetzung des Evangeliums in das Leben unserer Zeit und nicht als Fachdiskussion unter Fachleuten, energischer in das Zentrum der Arbeit in Pfarrkonventen, Kirchenvorständen, Kirchenkreistagen, kurz in der ganzen Kirche gerückt wird, verbindlich gerückt wird, bleiben alle Verbesserungen an Struktur und Organisation nichts als weiße Salbe, die Symptome zu kurieren vorgibt, aber an den Ursachen der Krise nichts bessert. Die heute unerläßliche antizyklische Durchhaltetauglichkeit gewinnt die Kirche nur, wenn sie sich nicht zuerst um ihre institutionelle Schwäche sorgt, sondern den Menschen Zeit und Lebensraum für die Frage nach Gott öffnet.

Bitte beachten Sie
die folgenden Seiten

Über die Kunst, ein Paar zu sein

Jede dritte Ehe wird geschieden – die Singlehaushalte nehmen vor allem in den Großstädten überhand ... Was stimmt in den Partnerschaften zwischen Mann und Frau nicht mehr? Sind wir alle beziehungsunfähig geworden? Daß Männer und Frauen doch zusammenpassen, gerade weil sie unterschiedlich sind, diskutieren anerkannte Psychologen in diesem Band. Sie zeigen die klassischen Stolpersteine in Partnerschaften auf und erörtern, wie Beziehungsprobleme von vornherein vermieden werden können.

Dorette Gühlich
Mann und Frau
Über die Kunst,
ein Paar zu sein
160 Seiten
Ullstein TB 26704

Ullstein Taschenbuch